그 사람, 소크라테스

지은이_ 폴 존슨 Paul Johnson
1928년에 영국에서 태어나 스토니허스트 대학과 맥달란 대학을 졸업했다. 뛰어난 언론인이자 역사가로, 그가 쓴 수많은 베스트셀러는 수십 개 언어로 번역되었다. 『지식인의 두 얼굴』, 『창조자들』, 『영웅들의 세계사』 등으로 국내에도 잘 알려져 있으며, 『포브스』, 『월스트리트저널』, 『뉴욕타임스』 등 다양한 매체에 기고를 하고 있다.

옮긴이_ 이경아
한국외국어대학교 러시아어과와 동 대학 통역번역대학원 한노과를 졸업했다. 현재 한국외대 통역번역대학원에서 강의하면서 전문 번역가로 활동하고 있다. 옮긴 책으로 『나를 숲으로 초대한 새들』, 『행복(영국 BBC 다큐멘터리)』, 『이타카 에코빌리지』, 『과부마을 이야기』, 『맛있는 살인사건』, 『플로리다 귀부인 살인사건』, 『똘레랑스 프로젝트 1015』(전9권) 등이 있다.

그 사람, 소크라테스
지은이 폴 존슨 | **옮긴이** 이경아 | **처음 찍은날** 2013년 7월 5일 | **처음 펴낸날** 2013년 7월 12일 | **펴낸곳** 이론과실천 | **펴낸이** 김인미 | **등록** 제10-1291호 | **주소** 121-842 서울시 마포구 잔다리로 71 503호 | **전화** 02-714-9800 | **팩시밀리** 02-702-6655

ISBN 978-89-313-6051-6 03160

• 값 10,000원
• 잘못된 책은 바꿔 드립니다.

그 사람,

소크라테스

Socrates-A Man for Our Times

폴 존슨 지음 | 이경아 옮김

이론과실천

차례

•제1장•

살아 숨 쉬는 사람 대 복화술사의 인형

어느 시대나 그 시대의 정신이 있다. 까마득한 고대에도 여러 사회에서는 다른 계층과는 건널 수 없는 간극을 지닌 엘리트들이 강렬하고도 거의 동일한 자극에 의해 전진했다. 우리는 이렇게 나아가게 된 이유를 설명할 수는 없다. 그러나 이것을 연구함으로써 이익을 취할 수는 있다. 지금으로부터 2500년 전, 기원전 5세기에 비록 초기 단계였지만 문자를 사용할 정도로 문명이 발달한 지역에서 출중한 사상가 세 사람이 활동하고 있었다. 이들의 주장은 마치 공명하듯 비슷했는데, 각자 자신이 속한 문명과 주변의 야만인들과의 차이는 체계적인 도덕 교육으로 더 강화해야 한다고 했다.

공자(공부자孔夫子라고도 하는데, 철학자 공孔이라는 뜻이다.)는 기원전 551년에 중국의 산동성에서 태어나 기원전 479년에 73세를 일기로 세상을 떠났다. 그는 가난하지만 지체 높은 집안에서 태어났는데, 현재 76대손인 그의 후손들은 여전히 산동성에 살고 있다. 공자는 어릴 적부터 영리했다. 서당을 다닐 때 이미 새로운 종류의 교육으로 사회를 도덕적이고 문화적으로 변모시키는 데 일생을 바치겠다는 뜻을 품었다. 이것은 여섯 가지 학문 즉, 예禮:예절, 악樂:음악, 사射:활쏘기, 어御:말타기, 서書:서예, 수數:수학으로 구성된 중국의 교육을 모두 중시하는 것이었다. 그의 제자들이 기록한 공자의 말을 보자. "나는 15세가 되어 학문에 뜻을 두었고, 30세가 되어 모든 기초를 세우고, 40세가 되어 배움에 망상이 없었고, 50세가 되어 천명을 알았고, 60세가 되자 제자들의 말에 귀를 기울이게 되었고, 70세가 되자 마음 가는 대로 하여도 도道에 어긋나지 않았느니라."

이 글은 공자의 제자들이 스승의 어록을 기록한 『논어論語』에 나오는 가르침으로, 배움이 모든 것의 핵심이라는 뜻이다. 사람이 배움에 깊이 빠지면 먹는 것도 잊고 배움의 기쁨에 충만해 현실적인 걱정을 모두 무시하게 된다. 지식을 배우는 데 바빠서 나이가 드는 것도 알아차리지 못한다. 배움은 (배움을 통해) 문명이, 즉 문명을 즐길 혜택을 받은 사람들의 몸과 마음이, 숨 쉬고 살아가는 과정이었다.

기원전 458년 히브리의 사제이자 필경사인 에즈라가 바빌론에서 예루살렘으로 돌아왔다. 그는 공자가 60대일 때 태어났으며 추방된 유대인 공동체를 페르시아에서 이끄는 지성인이었다. 그는 예루살렘으로 돌아갈 때 토라 혹은 유대 성경의 첫 5권, 다시 말해서 기독교인들이 구약이라고 부르는 경전을 새롭게 옮기고 편집해서 들고 갔다. 토라는 '규율'이라는 뜻이다. 하지만 에즈라가 살았던 그 시대에는 지시와 가르침, 지도라는 뜻이었을 것이다. 에즈라는 토라를 바빌론 유

수the Exile 후 약속의 땅에 뿌리를 내린 유대 공동체를 개혁하는 토대로 삼았다. 토라는 그가 유대인을 이끄는 매뉴얼이었던 셈이었다. 그도 그럴 것이 이후의 그의 인생을 보면 역사상 보기 드물게 가르침을 수단으로 삼아 전체 사회를 도덕적, 정치적, 경제적, 사회적으로 개혁하려 했다.

에즈라가 그의 사명을 몸소 실천에 옮기기 시작했을 무렵 소크라테스는 겨우 12세 소년이었다. 그는 공자가 죽은 지 9년 만인 기원전 470년에 민주주의 도시국가였던 아테네에서 태어났다. 에즈라가 종교로 사회를 통치하는 엘리트로서 사제 사독Zadok, the Priest의 직계 후손이었고 공자가 왕족과 친밀했던 귀족이자 판관이었던 것과 달리, 소크라테스는 중산층이었다. 그의 아버지는 돌을 깎는 석공이었고 (그의 말에 따르면) 어머니는 산파였다. 소크라테스는 뛰어난 지성을 타고났으며 무엇보다 그 지성을 활용한 방법 덕분에 특정한 계층에 속하지 않는 삶을 살게 되었다. 한마디로 그는 역사상 최초로 어느 계층에도 속하지 않은 사람이었다. 나고 자란 배경은 다르지만 이 세 사람은 평생을 가르침을 향한 열정을 품고 이 열정에 헌신했다는 점에서 똑같았다. 그들에게 가르침이란 각자가 속한 사회에서 가장 중요한 것들을 모두 배우는 것이기도 했다. 하지만 교육은 단순히 지식을 넘어서 훌륭한 삶을 이끌어 나갈 수 있는 덕목이나 능력을 습득하는 과정이었다. 이런 목적을 위해 소크라테스는 배움으로 사람이 덕을 갖추게 할 수 있으므로 이 배움이야말로 행복으로 가는 가장 확실한 길이라고 믿어 의심치 않았다. 그런 점에서 소크라테스는 사람에게 행복이 무엇이며 그런 축복을 어떻게 얻을 수 있는지 깊이 고민한 최초의 선각자였다.

이 정도의 사람이라면 면면을 살펴볼 가치가 있지 않겠는가. 그래서 지난 2500년 동안 온 나라에서 학식을 갖추고 지적이고 진취적인 사람들이 그를 알고자 한 것이다. 수박 겉핥기 식이라면 별로 어렵지 않다. 소크라테스는 지혜를 추구하고 전달한 전형적인 철학자이다. 하지만 이런 겉모습을 지나 본질에 다가갈수록 그를 알기는 점점 더 어려워진다. 소크라테스는 아무것도 글로 남기지 않았다. 공자도 마찬가지였다. 하지만 공자는 학자들이 그의 가르침을 정확하게 글로 옮기려고 힘을 합친 덕분에 그의 목소리를 들을 수 있다. 그것은 20세기에 글을 거의 쓰지 않았던 또 다른 철학가인 비트겐슈타인의 제자들이 그가 남긴 말을 모두 기억해 기록으로 남기려고 애썼던 것과 흡사했다. 그런데 소크라테스는 상황이 완전히 달랐다. 두 명의 뛰어난 남자가 소크라테스와 함께하며 이 철학자를 글로써 영원불멸의 존재로 만들려고 애를 썼다. 크세노폰은 지방 귀족이자 모험가이며 장군이었는데, 그가 존경했던 소크라테스 덕분에 아마추어 철학가가 되었다. 그는 글쓰기를 좋아했다. 수많은 세대의 학생들이 아는 것처럼 교실에 훌륭하게 적응한 순수한 형태의 고전 그리스어로 글을 썼다. 그는 고대에서 전해 오는 원정기를 담은 최고의 책인 『아나바시스Anabasis』의 작가이다. 그가 쓴 여러 작품들 가운데에는 말의 조련에 관한 완벽한 매뉴얼이 고전의 반열에 올라 있으며 이와 짝을 이루는 기갑부대의 운용에 대한 책도 있다. 그는 『비망록Memoirs』을 쓰기도 했는데, 말 그대로 소크라테스가 주빈으로 참석한 저녁 연회에 대한 회상록이다. 이 글들은 하나같이 모두 소중하다. 그런데 꼭 짚고 넘어가야 할 문제가 있다. 크세노폰은 소크라테스의 정신을 이해하지 못했다. 강인함과 섬세함과 가벼움이 조화를 이룬 독특한 그 정신세계를 말이다. 그러므로 그 정신이 지닌 어마어마한 힘을 글로 제대로 옮길 깜냥이 되지 않았다. 크세노폰이 만약 소크라테스에 대한 유일한 권위자라면, 우리는 철학을 전문적인 학문으로 세운 위인으로 소크라테스를 기리는 일도 없었을 것이다.

소크라테스에 대한 정보의 원천이라면 소크라테스의 제자 플라톤이 있다. 그는 작가이자 사상가로 놀라운 지적 능력을 동원해 소크라테스의 업적을 영원불멸의 지식으로 만들었다. 플라톤은 천재였다. 바로 그 점이 우리에게 끝없는 기쁨이자 불행의 근원이지만 말이다. 소크라테스에게 배움을 얻은 일은 그의 일생에서 가장 중요한 부분을 차지했다. 그래서 스승이 죽자 플라톤은 남은 인생의 대부분을 스승과 자신의 대화나 여러 사람들과의 대화를 기록하는 일에 바쳤다. 그 가운데 20편이 넘는 기록들이 지금까지 남아 있으며 그 외에 소크라테스의 모습을 보여주는 글도 2개가 전해진다. 그중 하나는 소크라테스가 자신의 목숨이 걸린 재판에서 했던 변론을 기록한 글이고 다른 하나는 형이 집행되기 직전 최후의 몇 시간에 관한 기록이다. 이 두 글은 초기 대화편들과 더불어 인간으로서의 소크라테스와 학문에서 역사적인 현자로서의 모습을 제대로 기록하고 있다.

그런데 플라톤은 천재이기도 했지만 남다른 종류의 사람이었다. 그는 요즘으로 치면 교수였다. 그는 소크라테스가 죽은 후 사실상 최초의 교육기관을 아테네 교외에 있는 공원에 설립했다. 요즘의 관점에서 보면 씽크탱크라 할 수 있을 이 배움의 터를 플라톤은 '아카데메이아 Academeia'라고 불렀다. 바로 이 단어에서 교수라는 의미의 '아카데믹'이 유래했다. 그곳은 최초의 대학이었다. 그곳이 배출한 최고의 동문은 17세에 플라톤에게 와 수업을 들은 아리스토텔레스였다. 서양 철학이라는 완전한 덩어리를 떠받치는 세 명의 든든한 스승 중 마지막 세 번째 인물이었던 바로 그 아리스토텔레스 말이다. 그는 후에 아테네에 자신의 대학인 '리케이온 Lykeion'을 설립해 플라톤의 동료이자 경쟁자가 되었다. 이로써 학계의 고유한 특징인 경쟁에서 비롯된 반감은 기원전 4세기가 끝나기도 전에 확실하게 학계에 뿌리를 내렸다.

플라톤은 소크라테스가 맞이한 최후의 순간과 그와의 초기 대화를 기록할 무렵만 해도 순수했다. 그래서 여전히 소크라테스의 사상과 방법론에 깊이 매료되어 그 두 가지를 정확하게 기록하는 데 최선을 다했다. 그 무렵의 글은 우리의 지성을 이용해 진실에 도달하는 최고의 방법을 설파하는 데 소크라테스가 미친 거대하고 생생한 영향을 그대로 보여주는 기록이다. 하지만 플라톤이 학자라는 새 역할을 하기 시작하자, 말하자면 상상의 사각모와 가운이 머리와 어깨에 안전하게 자리를 잡자 그에게 변화가 일어났다. 최고의 교수라는 그의 페르소나에 최초의 지성인이라는 보조적인 페르소나가 덧씌워진 것이다. 내가 쓴 '지식인'이라는 표현은 남들보다 새로운 발상을 더 많이 생각해 내는 사람을 말한다.

플라톤은 지식인으로서 자신의 발상을 구체화하기 시작했다. 학자로서는 그 결과물에 체계를 만들었다. 교사로서는 소크라테스를 이용해 자신의 학문을 널리 퍼트리고 영속화했다. 초기 저작물을 보면 플라톤은 소크라테스를 살아 숨 쉬고 생각하는 사람으로 그리고 있다. 피와 살이 있는 사람 말이다. 그러나 플라톤의 사상이 구체적으로 형태가 잡혀 널리 전파시켜야 할 즈음 불쌍한 소크라테스는 다시금 살해되어야 했다. 플라톤은 스승이 현실에서 죽었을 때 몹시 슬퍼했지만, 이번에는 스승을 복화술사의 인형처럼 만들어 스승의 사상이 아닌 자신의 사상을 말하도록 했다. 지식인이 되자 플라톤은 자신의 사상을 널리 전파하는 것이 소크라테스를 역사적이고 통합적인 인간으로 지키는 것보다 훨씬 중요하다고 여기게 되었다. 자신의 철학사상을 가장 손쉽게 퍼트릴 수 있는 방법이 바로 소크라테스를 복화술 인형으로 이용하는 것이었다. 그래서 역사적으로 살아 있는 사상가를 마음이 없이 입만 벙긋거리는 인형으로 만들어 버린 행동은 실은 살인이자 뛰어난 두뇌가 악마적이라고밖에 할 수 없는 집착에 사로잡힌 결과였지만 정작 플라톤의 눈에는 긍정적인 덕목으로 보였다. 이것은 지적 역사에서 벌어진 가장 부도덕한 행동에 유일하게 자비를 베푼 설명일 것이다. 그리하여 플라톤은 자신의 선의에 대해 추호도 의심하지 않으며 프랑켄슈타인 박사처럼 인공적인 괴물 철학자를 창조했다. 이런 행위는 그의 저작에서 소크라테스의 본모습과 괴물 사이의 경계선을 흐릿하게 만들었다는 점에서, 특히 소크라테스를 제대로 이해하려는 우리의 열망에 피해를 주었다. 이 문제는 몇 세기 동안 논란이 되어 왔지만 아직 모두가 수긍할 만한 결론에 도달하지 못했다. 그러므로 이 주제에 대해 글을 쓰려거든 내가 이 글에서 한 것처럼 당신도 먼저 결정을 내려야 할 것이다.

다행스럽게도 우리에게는 플라톤과 크세노폰과 아무 관계도 없는 원전들이 있다. 덕분에 소크라테스에 대한 정보를 조금이나마 더 얻을 수 있었다. 소크라테스와 동시대를 살았던 희극작가 아리스토파네스는 그의 친구였던 것 같지만, 쇼비즈니스의 세계에 과연 우정이란 게 존재할까 싶은 우려를 증명이라도 하듯 그에 대해 잔인할 정도로 적대적인 희극 『구름Clouds』을 썼다. 디오게네스 라에르티오스가 700년 후에 소크라테스에 대해 쓴 글도 있는데, 그 후로 원전으로써는 우리에게 잊혔다. 그 외에도 여러 일화와 논평, 기록으로 남은 격언들도 있다. 키케로와 세네카, 플루타르코스, 루키아노스에서 아우구스티누스와 테르툴리아누스 등 암흑시대Dark Ages(유럽 역사에서 로마 제국 말기부터 서기 1000년경까지의 기간—옮긴이)에 완전히 파괴되기 전에 도서관을 이용할 수 있었던 수많은 고전 작가와 중세 초기 작가들의 작품에도 소크라테스에 관한 정보가 조각조각 남아 있다.

이런 정보와 조각 지식들 덕분에 우리는 플라톤과 크세노폰이 남긴 주요한 재료에 살을 보태거나 정정할 수 있다. 하지만 우리는 고전 저술가들과 특히 고전 이후의 저술가들이 정직하려고 노력할 때조차 버릇처럼 부정확했으며, 공정성과 역사적 사실성, 타당성, 심지어 누구나 알아챌 상식마저 갖추지 않은 채 진실을 멸시했다는 점을 항상 기억해야 한다. 게다가 책을 저술하고, 필사하고, 보존하는 데 사용했던 형편없는 방법들도 잊어서는 안 된다. 제대로 된 필사본이나 책이 출현하기 전에 사람들은 대략 33피트(10미터) 길이의 파피루스 두루마리에 글을 썼다. 그 두루마리에는 투키디데스(그리스의 역사가—옮긴이)의 책 한 권이나 호메로스의 책 두 권을 옮겨 쓸 수 있다. 하지만 필사 작업에서 일관성을 찾아볼 수가 없다. 필경사들은 일반 독자가 아니라 필경사들을 위해 글을 썼다. (이들은 어느 시대나 지역이나 결속력이 무척 강했다.) 한 줄에 단어 몇 개라거나 한 기둥에 몇 줄 같은 구체적인 기준을 지키려는 시도조차 없었다. 구두점이나 대문자나 단어 사이에

정해진 간격 따위는 없었다. 줄 아래에 짧은 획을 긋는 '파라그라포스 paragraphos'는 주제의 변화나 멈춤만을 지시했고, 희곡과 대화에서—소크라테스에 관한 플라톤의 텍스트에서는 매우 중요한—화자의 변화, 즉 이름은 짜증스럽게도 거의 나오지 않았다. 이 모든 요소들과 수많은 다른 악습들로 필사에서 피할 수 없는 텍스트 상의 수많은 오류는 늘어나기만 했다. 이런 원고의 사슬이 몇 세기, 심지어 천 년에 걸쳐 이어지면서 오류가 없는 텍스트를 찾기가 하늘의 별따기가 되어 버렸다. 르네상스 시대부터 지금까지 학자들의 주요 과제는 훌륭한 텍스트를 만들어 내는 것이었다. 그것만이 아니다. 우리가 지금 소크라테스의 말이라고 읽는 글들이 2450년 전에 플라톤이 쓴 그대로라고 장담할 근거도 없다. 그나마도 원고 전체 혹은 일부가 사라지고 없다. 소크라테스의 시대 전에 우주와 인류에 대해 고민했던 사람들은 그 누구도 자신들의 결론이 영속할 정도로 운이 좋지 않았다. 소위 소크라테스 이전 철학자들의 사상은 말 그대로 조각조각 남아 있다.

그럼에도 불구하고 소크라테스는 사람이자 사상가로, 그 누구보다 현실적이고, 생기 있고, 즐길 줄 아는 인간으로 우리에게 알려져 있다. 이제, 그 소크라테스를 만나러 가자.

•제2장•

행복을 찾아내는 재능을 가진 못생긴 조커

소크라테스는 아테네 출신임을 자랑스러워했다. 그는 평생 아테네에서 살았으며 군 복무를 했던 시기를 제외하면 단 한 번도 이 도시를 벗어난 적이 없다. 그는 종종 아테네 방식과 지도자들에게 비판적인 태도를 취했다. 하지만 아테네가 모든 도시국가들 가운데 가장 살기 좋은 곳이라는 신념은 결코 흔들리지 않았다. 그의 다른 견해들이 대부분 그러하듯이 이런 신념 또한 건전하고 실용적이었다.

기원전 5세기의 그리스는 도시국가의 집합이었다. 그중에서도 아테네는 가장 크고 대체로 가장 부유하면서 강력한 곳이었다. 전체적으로 보았을 때 그리스는 혁신적이고, 진취적이고, 무엇보다 경쟁적이었다. 아테네는 경쟁 정신의 진원지일 수밖에 없었다. 도시들은 대부분 매년 운동과 문화 분야에서 대회를 개최했다. 더불어 그리스어를 사용하는 지역 전체를 대상으로 범그리스 경기대회들도 열렸다. 그 대회들이 바로 올림픽 경기와 피티아 제전, 이스트미아 경기, 네메아 경기였다. 그중에서도 가장 권위 있는 대회가 펠로폰네소스 북서쪽 올림피아에서 4년마다 열리는 올림픽 경기였다.

이 경기에 대해서는 알려진 사실이 많다. 이 경기는 소크라테스가 태어나기 300년 전인 기원전 776년에 시작되었다. 그리고 그로부터 약 천 년 후인 기원후 393년까지 계속되다가 기독교 로마 제국의 테오도시우스 1세 황제에 의해 이교도의 축제라는 이유로 폐지되었다. 물론 이교도 행사가 맞았다. 그리스의 모든 제도들처럼 그 근원은 종교적이었기 때문이다. 소크라테스는 젊은이들에게 올림픽 경기에서 이긴다는 의미는 승리자가 받는 영예와 상금이 아니라 제우스라는 형상을 한 신에 대한 봉사라는 말을 즐겨 했다. 올림포스에 세운 금과 상아로 만든 거대한 제우스 상은 소크라테스가 살던 시대에 그의 친구인 피디아스가 만들었다. 경기장을 따라 달리는 경기는 개막 경기이자 가장 중요한 경기로 남았다. 하지만 속도와 힘, 지구력을 겨루는 경기들도 추가되었다. 이를테면, 권투와 레슬링, 남자들의 갑옷 입고 달리기, 마차 경주와 승마 경주 같은 것들이었다. 심판과 선수들은 페어플레이와 공정함에 대해 맹세를 했다. 하지만 판정에 불복하는 사태도 종종 발생했다. 그 결과 관중은 야유를 보내고 때로는 심판이 공격을 받기도 했다. 초기에 선수를 전문적으로 훈련한 최초의 도시국가였던 스파르타는 전쟁을 준비할 때처럼 전심전력을 다해 훈련을 했기에 대체로 전 종목을 휩쓸었다. 그러나 아테네를 비롯해 다른 도시국가도 강력한 경쟁자를 배출하게 되었다. 서서히 돈이 힘을 발휘하기 시작했다. 가령, 소크라테스의 부유한 젊은 친구였던 알키비아데스는 올림픽 경기를 위해 전차 팀을 여섯 팀이나 만들었다. 그 결과 1등과 2등, 4등 상을 휩쓸었다. 이런 사실을 알 수 있는 건 기원전 776년부터 기원후 217년까지 올림픽의 승자들을 완벽하게 기록한 명단을 율리우스 아프리카누스가 작성하고 교회 역사가인 에우세비우스가 보존한 덕택이다.

경쟁 정신은 그리스인의 삶 전반으로 퍼져 나갔다. 시와 희극, 음악, 대중연설이나 수사학, 예술에 이르기까지 그 영향은 광범위했다. 대체로 아테네는 경쟁 상대가 없는 선도자였다. 그런데 매년 열리는 도시국가 대회는 특히 비극과 희극의 경연이 그 어떤 이벤트보다 중요했다. 소크라테스는 희극에서 세 번이나 일등을 했던 아리스토파네스와 위대한 아테네 비극작가 삼인방 가운데 가장 젊은 에우리피데스의 친구로서 그런 이벤트에 관심이 많았다. 에우리피데스는 소크라테스보다 15살이나 많았지만, 그에게 조언을 구하러 왔다. 그래서 소크라테스가 에우리피데스의 연극에 관여하게 되었는데, 기원전 428년에 1등을 한 『히폴리투스Hippolytus』를 비롯한 삼부작에도 참여했을 것이다.

아테네의 경쟁적인 분위기와 아테네 사람들이 그 도시에 느끼는 자부심은 소크라테스가 살았던 세기의 초반에 일어났던 외부 사건에 힘입은 바가 컸다. 당시 중국의 서쪽에서 가장 광대한 영토를 자랑했던 페르시아 제국은 그리스에 끊임없이 위협이 되었다. 특히 아테네가 지금의 터키 서부에 해당하는 이오니아 지역을 부추겨 페르시아의 지배에 봉기하게 한 후 위협은 더 심각해졌다. 페르시아는 그리스를 침략했지만 마라톤 전투(기원전 490)에서 아테네군 만 명에게 격퇴되었다. 소크라테스의 친구였던 역사가 헤로도토스에 의하면 페르시아군은 6400명이 전사한 반면 아테네군은 192명만이 전사함으로써 고대 전사에서 가장 큰 승리의 하나로 기록되었다. 이 전투에 참가한 사람들 중에는 3대 비극작가 중 연장자인 아이스킬로스도 있었다. 소크라테스의 아버지인 소프로니스코스도 장갑보병이나 중보병으로 참전했을지 모른다.

페르시아는 기원전 480년에 30만 대군에 600척의 군함을 바탕으로 막강한 전투력을 과시하며 다시 침략해 왔다. 스파르타의 레오니다스와 그의 군사 300명이 목숨을 바쳐 테르모필레 고개를 지키는 영웅적인 노력을 했음에도 불구하고 페르시아 군대는 진격을 계속했다. 아테네 시민들은 도시를 버리고 피난을 떠났다. 도시는 불바다가 되고 신성한 건축물들이 서 있던 아크로폴리스는 폐허가 되었다. 하지만 스파르타와 아테네 연합군이 플라타이아이 전투에서 페르시아 군대를 격파했다. (소크라테스의 생애 대부분 동안 아테네를 지배했던 페리클레스의 아버지인) 크산티포스의 영도 아래 아테네 단독으로 결정적인 해전에서 승리를 거두었다. 그리하여 기원전 479년 무렵 아테네는 그리스에서 막강한 권력을 행사하게 된다. 기원전 477년에 아테네는 다른 도시국가들과 델로스 동맹을 맺어 지배적인 위치를 확인하고 아테네 제국의 기반을 닦았다. 기원전 463년에 밀티아데스의 아들인 키몬이 페르시아의 위협을 종식시킴으로써 위대한 아테네의 시대가 도래했다. 그 무렵 소크라테스는 겨우 일곱 살 꼬마였다.

그가 성장한 도시국가는 헌법상으로나 시대정신으로나 민주주의 국가였다. 도시를 의미하는 폴리스Polis는 오랫동안 '무장한 사람들'과 동일시되었는데, 귀족은 기병을 제공하고 상인, 숙련공은 보병을 이루었으며 이들 각각은 자신들의 갑옷과 무기를 소유했기 때문이다. 민주주의 헌법은 소크라테스가 태어나기 전 세대의 클레이스테네스가 시민권을 설명하기 위해 '이소노미아isonomia' 즉, 평등이라는 표현을 사용하며 토대를 닦았다. 소크라테스가 아직 어렸을 때 에피알테스의 통치 하에 있던 아테네에서는 좀 더 민주적인 조치들이 통과되었다. 물론 그가 기원전 462년에 살해당했다는 사실은 소크라테스가 살아 있는 동안에도 계급 전쟁의 뉘앙스를 품은 정치가 여전히 심각하고 때로는 야만적인 양상을 보였다는 점을 지목하고 있지만 말이다.

아테네의 시민은 전쟁과 무역, 경제에 따라 매우 다양했다. 에클레시아ecclesia라고 부르는 민회에서 완전한 투표권을 행사할 수 있거나 장군(스트라테고스)이나 집정관(아르콘)에 입후보하거나 배심원이 될 수 있는 시민의 수는 소크라테스가 태어났을 무렵 12만 명을 조금 넘었지만 그가 중년에 접어든 기원전 430년에는 18만 명으로 늘어났다가 그가 죽을 무렵에는 약 10만 명으로 줄어들었다. 게다가 아테네에는 '메토이코스metoikos'라는 거류 외국인의 수도 상당했다. 이들 가운데에는 시민권을 보유한 이들도 있었는데, 아테네 출신에 대한 이들의 비율은 6분의 1에서 5분의 2 정도였다. 그리고 아무런 권리도 없는 노예가 3만에서 10만 정도 되었다. 하지만 소크라테스가 살던 시절에는 이들을 다 더해도 아테네의 인구가 25만 명을 넘었을 것 같지는 않다. 그 정도면 베네치아가 최전성기를 구가할 때나 17세기 말 런던의 규모였다. 1700년에 식민지 미국의 전체 인구가 약 27만 5천 명이었다.

소크라테스는 소위 중간 크기의 마을에서 (5월에) 태어났다. 그의 딤deme, 즉 구역은 아테네의 남쪽이었다. 플라톤의 대화편인 『라케스Laches』를 보면 소크라테스의 아버지인 소프로니스코스는 공명정대한 아리스티데스 가문과 친구였다고 한다. 이 아리스티데스는 여러 시기에 집정관과 정치가, 육군과 해군의 사령관 등을 역임했다. 그러나 훗날 2년 동안 추방을 당한 후 몰락하고 말았다. 소크라테스의 아버지는 아크로폴리스 곳곳에 다양한 조각을 세웠다고 기록되어 있지만 확실한 증거는 없다. 그의 어머니인 파이나레테는 '훌륭한' 가문 출신이었다. 플라톤의 대화편 『테아이테토스Theaetetus』에는 실력 있는 산파였다고 기록되어 있다. 물론 당시에는 그런 직업이 없었으므로 전문적인 산파는 아니었을 것이다. 소크라테스는 어머니를 자랑스러워했으며 아리스토파네스의 〈구름〉에서처럼 어머니의 직업을 '산파'라고 놀려도 전혀 신경 쓰지 않았다. 그는 늘 의학과 의술에 관심이 많아서 대화에서 거론하곤 했다. 그런 것을 보면 아마 고대 그리스의 가장 위대한 의사인 히포크라테스와 알고 지냈던 것은 아닌가 싶다. 히포크라테스는 소크라테스와 같은 시대를 살았으며 분명히 플라톤에게 의학에 대해 말해 주었기 때문이다.

플라톤의 대화편 『크리톤Crito』을 보면 소크라테스의 아버지가 아들을 김나지움에 보내 읽기와 쓰기, 운동, 음악 등 좋은 교육을 시켰음을 알 수 있다. 전통에 따라 소크라테스는 아버지처럼 석공의 길을 걸었다. 고대 그리스의 베데커라고 할 수 있는 여행 저술가 파우사니아스(2세기)는 자신의 시대에 아크로폴리스의 조각물인 〈삼미신Graces〉(그라케스, 제우스와 에우리노메의 딸들로, '아그라이아', '에우프로슈네', '타레이어'를 지칭한다. –옮긴이)이 소크라테스의 작품이라고 알려져 있다고 했다. 디오게네스 라에르티오스도 같은 주장을 했다. 하지만 이들은 다른 소크라테스와 혼동을 하는 것 같다. 그도 그럴 것이 기원전 5세기에는 소크라테스라는 이름이 흔했기 때문이다. 게다가 석공들의 숫자도 많았다. 아테네에는 석공의 수요가 높아서 그리스 전역과 중동에서까지 석공이 몰려들었기 때문이다. 분명히 소크라테스는 예술에 대한 식견이 있었다. 오히려 조각가들은 예술에 대해 몹시 훈계조인 경우도 있다. 로댕은 예술이라는 주제에 대해 훨씬 더 이후에 요크셔에서 태어난 헨리 무어만큼 따분한 사람이었다. 소크라테스는 결코 따분한 사람이 아니었다. 오히려 정반대였다. 크세노폰의 말에 따르면 소크라테스는 조각가인 클레이톤과 화가인 파라시우스와 예술에 나타난 표현법에 대해 토론을 했다. "고귀함과 품위, 자기비하와 비굴함, 신중함과 이해심, 오만함과 천박함, 이 모든 성질이 얼굴과 태도에 반영이 된다. 정지해 있든 움직이든 마찬가지이다. 그래서 예술가는 이 성질들을 포착할 수 있다." 이런 주장은 소크라테스가 자신의 감정을 얼굴에 좀처럼 드러내려 하지 않았다는 점에서 눈여겨볼 만하다. 4세기 후 소크라테스에 대해 많이 알았던 것 같은 키케로는 표정으로 두려움이나 욕구를 드러내는 행위는 품위가 없다고 설파했다. 그리고 이렇게 말했다. "소크라테스처럼 항상 같은 표정을 지어라."

소크라테스가 과연 석공 일을 했는지 아니면 육체노동을 하는 다른 직업을 가졌는지 지금으로서는 확인할 도리가 없다. 하지만 이 한 가지는 확실하다. 그는 군인이었으며 군인으로 존경받을 만했다. 이 사실은 플라톤과 크세노폰의 저술은 물론 여러 글에 나온 다양한 기록으로 입증할 수 있다. 앞으로 보게 되겠지만 소크라테스는 무력의 사용에 대해서는 강경하게 나갔다. 그렇다고 평화주의자는 아니었다. 소크라테스라면 제1차 세계 대전에 참전을 거부했던 버트런드 러셀의 주장을 이해할 수 없었을 것이다. 그라면 러셀이 참전을 거부하라며 다른 사람들을 설득했던 (그 결과 감옥에 투옥되었던) 허울뿐인 주장을 일거에 박살냈을 것이다. 소크라테스는 자신이 사랑했던 아테네의 시민으로서 중간 계급인 장갑보병으로 참전하는 것을 의무로 여겼다. 구체적인 증거는 없지만 소크라테스는 군 복무를 젊은 남자의 의무라고 여겼던 것 같다. 그가 방비가 엄중한 요새이자 코린트의 예전 식민지였던 포티다이어 포위작전에 참여했다는 사실이 알려져 있다. 델로스 동맹의 일원이었던 이 요새는 원래 아테네의 지배를 받았다. 자발적이든 아니든 포티다이어가 공동전쟁기금에 바치는 돈은 기원전 434년에 15탈란톤(고대 그리스의 무게와 화폐 단위로, 금 1탈란톤은 보통 34킬로그램이었다.—옮긴이)까지 늘어났다. 결국 반란이 일어났고 아테네는 포티다이어를 함락하기 위해 클레르쿠스cleruchs 즉, 정복한 토지를 보상으로 받는 병사들을 보내 기원전 430년에 이곳을 포위해 파괴했다. 그런데 소크라테스가 바로 그곳에 있었다. 그의 나이는 30대 후반이었다. 그는 에게 해의 북부 연안에 있는 암피폴리스에서도 전투에 참가했다. 이곳은 기원전 437~기원전 436년에 아테네의 식민지가 되었다. 암피폴리스는 금광과 은광이 풍부한 판게아 구역과 지리적으로 가까웠으며 상업 요충지였다. 펠로폰네소스 전쟁의 초기 단계에 암피폴리스는 전투 한 번 하지 않고 스파르타에 항복을 하는 바람에 아테네는 이곳을 되찾기 위해 적잖은 고생을 치러야 했다. 당시 소크라테스보다 열 살 아래로 젊은 장교였으며 장차 역사가가 된 투키디데스도 암피폴리스 전투에 참전했다. 이 두 위인은 특히 종교를 비롯해 많은 점에서 달랐지만 아테네에 대한 헌신과 그 헌신의 중요성에 대해서만큼은 의견이 일치했다. 투키디데스가 보여준 역사적 인과관계와 공정함은 소크라테스 덕분일 것이다. 하지만 두 사람이 교류했다는 확실한 증거는 어디에도 없다.

기원전 432년 소크라테스는 아테네로서는 뼈아픈 포티다이어 퇴각 전투에도 참전했다. 마침 한겨울이라 몹시 추웠다. 소크라테스는 여기서 놀라운 인내력과 용기를 보여주었다. 무엇보다 당시 통념으로는 노인이나 다름없는 46세였기 때문에 존경하지 않을 수 없다. 소크라테스가 이 전투에서 어떤 활약을 했는지 젊은 귀족 친구였던 알키비아데스가 직접 목격한 증거가 있다. 그는 특히 세 가지 사항에 주목했다. 우선 알키비아데스는 소크라테스 덕분에 목숨을 부지했다고 밝혔다. 그가 부상을 당하자 소크라테스는 곁에서 지키면서 자신의 안전은 아랑곳하지 않고 적을 물리쳐 주었다. 두 번째로 알키비아데스는 완전무장을 하고 무기를 소지한 소크라테스가 심지어 퇴각을 할 때조차 누구에게도 지지 않은 인물이었다고 증언했다. 소크라테스를 보면 적이 선불리 달려들지 못하게 하는 뭔가가 느껴졌다는 것이다. 적들은 소크라테스를 사로잡으려고 할 때 '그가 결사항전'할 것이라고 느꼈다. 마지막으로 알키비아데스는 소크라테스가 놀라울 정도로 담대한 인물이라고 증언했다. 추위에도 얇은 옷을 입었고 눈밭을 맨발로 걸어 다녔다. 아무리 불편하고 먹을 것이나 마실 것이 없어도 소크라테스는 절대 기가 꺾이는 것 같지 않았다. 그는 유쾌하고 용맹스러운 전사였다.

소크라테스는 그 자신이 늘 필요로 했고 늘 그의 곁을 지켜준 친구들만 있으면 의복이나 음식, 음료, 따스함, 거처와 같은 육체적인 안위에 대해서 무심했다. 이런 모습은 평생토록 변하지 않았으며 다양한 사료에 그런 기록이 확실하게 남아 있다. 이것은 기질 탓도 있고 자기 훈련의 결과인 것도 같다. 그는 일찍이 교사나, 그의 표현을 빌리자면, 남자들의 '시험관'이 되고 싶어 했다. 게다가 그런 일을 직업이 아니라 심심파적으로 할 셈이었다. 왜냐하면 수업료를 받을 생각이 없었기 때문이다. 한편 그의 목표 가운데 하나는 욕구를 절대적으로 최소 수준으로 낮추는 것이었다. 그는 일부러 식욕을 억제하는 습관을 키우면서 그 과정에서 즐거움을 느꼈다. 그는 아테네의 광장(시장)에 늘어선 가게의 진열대를 살피면서 이렇게 말했다. "내게 없어도 상관없는 물건들이 얼마나 많은지!" 그는 가격을 유심히 살피는 것도 좋아했는데, 그럴 때면 "아테네는 너무 비싸!"라고 외치고는 이내 "아테네는 너무 싸구려야!"라고 소리쳤다고 한다. 그가 한 말이 다양한 모습으로 전해진다. "어떤 사람은 먹기 위해 살지만 나는 살기 위해 먹는다." "시장기가 최고의 아페리티프다!" "목이 마를 때만 마신다." 어떤 사람이 그에게 집을 지을 땅을 주겠다고 하자 그는 이렇게 되물었다. "구두를 지어야 하니 가죽을 주시겠소?" "탐욕스러운 사람들은 진미를 음미하지 않는다." 그는 경기장과 연무장演武場에서 체력을 연마해 건강을 유지했다. "건강한 신체는 최고의 축복이다." 그는 "춤도 자주 췄는데"

"춤이 내게 잘 맞다"고 말했다고 한다. 그는 사람들 앞에서 술을 무시하지는 않았지만 취한 모습을 보인 적이 없었다. 그런데 그가 주연에서 '실버 시Silver Sea'라고 하는 크고 폭이 넓은 그릇으로 술을 마시는 그림이 있다. 그는 "술을 많이 마시면 귀한 와인을 제대로 음미하지 못한다."라고 했다. "젊은이가 덕을 키우려면 어떻게 해야 하느냐"는 질문에 그는 "무엇을 하든 과하게 하지 말라"고 충고했다. 그는 "가난은 자제력을 얻는 지름길"이라고도 했다. "여가는 가장 귀중한 재산이다." "부와 타고난 높은 신분에 대해 아무래도 좋게 말할 수 없다. 왜냐하면 그것들은 악으로 빠져들기 쉬운 길이기 때문이다." 이런 말들도 했다고 전해진다.

기원전 5세기 그리스의 기준에서 보면 소크라테스는 추남이었다. 고대 그리스인은 이목구비가 반듯한 용모를 높이 쳤는데, 특히 바이런과 닮은 두상과 얼굴을 좋아했기 때문이다. 놀라울 정도로 잘생긴 젊은이였던 알키비아데스는 소크라테스를 실레노스(주신 바커스의 양부로 뚱뚱한 노인이다.—옮긴이)에 비유하기도 했다. 소크라테스도 같은 말을 했다. 하지만 그런 비교에 전혀 마음을 쓰지 않았다. 실레노스는 무엇보다 반쯤은 동물적인 야성의 정신을 상징했다. 사티로스(그리스 신화에 나오는 숲의 신. 얼굴은 남자지만 몸은 염소의 다리와 뿔이 나 있었다.—옮긴이)와 비슷했다. 실레노스와 사티로스는 자연스럽게 아테네 희극의 기원이 되었다. 그리하여 최초의 희극배우들은 사티로스의 가면을 쓰고 무대에 올랐다. 지금까지 남아 있는 (주로 로마에서 제작된 모조품인데) 실레노스의 가면과 돌에 새겨진 초상화를 보면 모사에 모사를 거듭하며 지금까지 전해져 온, 돌이나 대리석, 청동으로 만든 소크라테스의 얼굴과 매우 흡사하다. 아마도 청동상은 소크라테스가 죽은 직후에 아테네가 그에게 저지른 죄과를 속죄하는 뜻에서 공공장소에 세워 두기 위해 제작했을 것이다. 로마 시대에 주로 대리석으로 제작한 조각상도 지금까지 많이 남아 있다. 종종 몸통 부분은 유실되고 두상만 남아 있다. 그런 것이 베를린에도 하나 있고 코펜하겐에도 하나 있다. 로마의 보르게세 갤러리는 팔과 손과 여러 부분들은 현대적이지만 두상은 로마식인 복합적인 조각상을 소장하고 있다. 남아 있는 조각상들을 보면 귀는 사람의 것이지만 얼굴은 실레노스처럼 생겼다. 그 가운데 두 작품에는 '소크라테스'라고 새겨져 있다. 대영박물관에는 설화석고로 만든 자그마한 소크라테스 조각상이 있다. 아마도 그리스에서 기원전 4세기에 청동으로 만든 것을 알렉산드리아에서 로마인들이 복제한 작품일 것이다.

남은 조각상들을 보면 소크라테스가 턱수염을 길렀고, 머리카락이 덥수룩하고, 코는 크고 납작했고, 눈은 퉁방울눈에 입술이 두툼했다는 문헌의 기록이 옳았음을 알 수 있다. 크세노폰의 『심포지움Symposium』에는 소크라테스가 크리토불루스에게 누가 더 미남인지 가리자고 도전을 했다고 기록되어 있다. 평소처럼 농담을 한 것이었다. 특유의 아이러니와 자기비하적인 어조로 말이다. 대화는 이렇게 시작한다. "크리토불루스여, 어찌하여 자네는 나보다 더 잘생긴 것처럼 외모를 뽐내는가?" "오, 나는 미美에 있어서 소크라테스 자네보다 열등하다는 걸 잘 아네. 그러므로 나는 실레노스보다 더 추한 몰골인 거지." 그러자 소크라테스가 예의 반문법으로 이렇게 질문을 했다. "오직 인간만이 아름다운가?" "아니지. 말이나 황소도 아름다울 수 있지. 방패조차도 그렇다네." "어떻게 그렇게 다른 것들이 모두 아름다울 수 있는가?" "왜냐하면 그것들이 제 목적에 맞게 예술이든 자연의 손으로 잘 만들어졌기 때문일 테지." "눈의 용도는 무엇인가?" "보는 것이지." "그 이유로 내 눈은 자네 눈보다 훨씬 아름답네." "어째서 그런가?" "자네의 눈은 단지 일직선으로 앞만 보지 않는가. 하지만 내 눈은 툭 튀어나와 있으니 옆도 잘 보이거든." "그렇다면 자네 코가 내 코보다 잘생겼나?" "그렇고말고. 신이 냄새를 맡으라고 코를 만들었다면 자네 콧구멍은 아래로 향해 있지만 내 콧구멍은 넓고 위로 들려 있어서 사방에서 오는 냄새를 잘 맡는다네." "자네 입이 나보다 낫다는 점은 인정하네. 왜냐 하니 신이 우리에게 음식을 먹으라고 입을 주셨다면 자네의 입은 한 번에 나보다 3배는 더 게걸스럽게 먹지 않는가." "맞아. 그런데 내 키스는 자네 것보다 훨씬 달콤하고 감미롭지. 왜냐하면 내 입술이 더 크고 두툼하거든."

소크라테스는 이때는 못생기기만 했다. 하지만 나중에는 배까지 나왔다. 그는 안짱다리의 기미가 보였고 게걸음으로 걸었다. 매일 아테네 거리를 지나가면 사람들의 시선을 끌지 않을 수 없었다. 게다가 대부분 우스꽝스러운 모습이었고 평판이 나빠지기조차 했다. 사람들은 때로 그를 조롱했고 밀치고 지나가는 사람도 있었다. 왜 그런 대접에 분노하지 않느냐는 질문에 그는 이렇게 대답했다. "당나귀에게 차이면 그 당나귀를 고소할 텐가?" 이렇게도 대답했다. "누가 내 뺨을 때리면 내가 아니라 그 자신에게 해를 입힌 것이다." 알키비아데스는 델리움에서 퇴각할 당시조차 소크라테스가 태연한 모습을 보았다. 그는 평온함 그 자체였다. 그가 개탄할 일들이 많았지만 절대 낙담하지 않았다. 설령 화가 나도 절대 겉으로 드러내지 않았다. 다른 사람들이 분을 못 이기고 언성을 높일 때 그는 오히려 목소리를 낮추었다. 그리고 차분하게 말했다. 그는 상냥한 남자였다. 그래서 그를 보면 나는 시인 토머스 무어가 언급했던 홀런드 경이 떠오른다. "매일 아침 식사를 하러 내려올 때면 마치 막 엄청난 행운을 거머쥔 사람처럼 보였다." 소크라테스의 지인들은 그를 도저히 미워할 수 없었고 사랑하지 않을 수 없었다.

그런데 단 한 사람 예외가 있었다. 바로 그의 아내였다. 아니 아내들이라고 해야 할 것이다. 명성이 자자한 유명 인사와 사는 일은 절대 녹록지 않다. 유명한 자선가이자 선행가였던 프랭크 롱포드와 결혼한 레이디 롱포드는 유명인과의 결혼 생활에 대한 질문에 이렇게 대답하곤 했다. "성자의 아내를 뭐라고 부르는지 아세요? 순교자라고 해요." 소크라테스가 일찍이 (혹은 더 후에, 혹은 중혼으로) 미르토라는 여자와 결혼을 했다는 믿기 힘든 이야기가 있다. 이 여자가 아이를 낳았는지는 모르겠지만 전해지는 이야기에서조차 이들에 관해서는 나오지 않는다. 우리가 아는 것은 소크라테스가 죽을 당시 크산티페라는 아내와 그녀와 사이에서 얻은 세 아이가 있었다는 사실이다. 그는 꽤 지긋한 나이에 크산티페와 결혼을 했는데, 그때 아마 쉰을 넘겼을 것이다. 그가 일흔으로 죽음을 맞이했을 때 장남은 겨우 열일곱이나 열여덟 살밖에 안 된 소년이었다. 나머지 두 아이는 그보다 훨씬 어렸다. 어쩌면 막내는 아직 걸음도 못 걷는 아기였을 것이다. 크산티페는 알다시피 소크라테스의 마지막 밤을 감옥에서 함께 보냈다. 그때 아이도 데리고 있었는데, 너무 어려서 혼자 두고 올 수 없었기 때문일 것이다. 우리의 최고의 소식통들인 플라톤과 크세노폰은 크산티페의 성격에 대해 나쁜 말은 전혀 남기지 않았다. 왜 좀 더 고분고분한 여자와 결혼을 하지 않았느냐는 질문에 소크라테스는 이렇게 대답했다. "말을 조련하는 모습을 보면 마주는 길들이기 힘든 말을 종종 키우고 싶어 하지 않소. 그런 녀석들이 일으키는 문제가 더 흥미진진하니까 말이오." 크산티페와 결혼 생활은 행복합니까? "그럼요. 게다가 누구와 살아도 행복하게 살 수 있다는 사실을 증명하지 않았소." 그의 아내는 훌륭한 농담거리였다. 가령, 아내가 집에서 소크라테스에게 고래고래 소리를 지른 후 그가 밖으로 나오자 이번에는 지붕에서 개숫물을 들이부었다. 그러자 소크라테스는 이렇게 말했다. "항상 천둥이 치면 비가 오지." 내가 보기에 소크라테스는 아내에게 아무런 불만도 없었다. 그래서 (그 나이에도) 아내와 여전히 사랑을 나누고 60대 후반에 자식을 본 것이다. 소크라테스가 여성의 능력을 높이 평가하고 대부분의 경우에 여자도 남자와 동등하다는 신념을 갖는 데 크산티페의 공이 컸을 것이다. 두 사람이 함께 사는 동안 행복했을 것이다.

그러나 인간 소크라테스에게서 가장 인상적인 면은 때로는 독특하고 혁명적이기까지 한 그의 여러 견해와 그를 닮으려 했던 사람들을 끌어당긴 성격이 아니라 아테네와 그곳의 사람들을 좋아하고 그들에게 사랑을 받았다는 사실이다. 만약 태어나고, 살고, 죽은 장소를 손바닥처럼 훤히 아는 사람이 있다면 그는 바로 아테네 사람 소크라테스였다. 게다가 당시 아테네가 이 도시의 역사상 가장 영광스럽고, 흥미진진하고, 위험한 시기를 겪고 있었다는 점에서 더욱 인상적이다. 그러니 지금부터는 이 놀라운 도시를 좀 더 자세히 알아보자.

제3장

소크라테스와 아테네식 낙천주의의 절정

소크라테스를 보고 있으면 토머스 모어 경이 떠오른다. 도덕적으로 대쪽 같으면서도 장난스러운 유머감각을 잃지 않았으며 깊은 종교적 의무감만으로 정당화할 수 있는 애국심이 그 누구 못지않게 강했기 때문이다. 모어 경은 이렇게 말했다. "나는 왕을 받들어 모신다. 하지만 신이 먼저다." 소크라테스는 이렇게 말했다. "아테네인들이여, 나는 그대들을 아끼고 사랑한다네. 하지만 그대들보다 신에게 복종할 것이라네." 아테네가 막강한 페르시아 제국을 물리치고 그리스 전역에 어마어마한 승리를 안겨 주며 눈부시지만 외로운 정점에 도달했을 때 소크라테스가 원숙기에 접어든 것은 그의 행운이었다. 역사상 이런 시기는 무척 드물다. 1940년에 처칠은 영국인들에게 이렇게 말했다. 나도 육성으로 들었던 그 말은 이런 내용이었다. "그러므로 우리의 의무를 다하기 위해 의지를 다집시다. 그리하여 영연방과 그 제국이 앞으로 천 년 동안 지속되어 그때가 되어도 사람들이 지금이 최고의 시대였다고 말하도록 행동합시다."

기원전 5세기 중반의 그리스는 1940년의 영국처럼 이 나라가 대표

하는 정신을 모두 실현하며 전 세계와 후대에 자신의 메시지를 전한 지도자였다. 페리클레스(기원전 495~기원전 429)는 누가 뭐래도 고대의 가장 위대한 정치가였다. 그는 클레이스테네스가 기원전 6세기에서 5세기로 넘어갈 즈음 아테네의 민주주의를 확립할 시기에 흥망성쇠를 겪은 정치가 크산티포스의 아들이었다. 페리클레스의 어머니인 아가리스테는 클레이스테네스의 조카였다. 페리클레스는 아테네의 민주주의 체계를 완벽하게 만들어 외증조부가 시작한 과업을 완수하려는 열망을 품게 되었다. 페르시아에 거둔 승리로 아테네와 특히 페리클레스는 낙관주의로 타올랐다. 그는 이를 바탕으로 진보를 위해 어마어마한 계획을 실행에 옮겼다. 그는 부유했다. 그래서 소크라테스가 태어나기 2년 전인 기원전 472년에 아이스킬로스가 아테네의 승리를 다룬 비극 〈페르시아Persae〉를 무대에 올릴 때 재정지원을 한 연극의 후원자 즉, 코레고스choregus로 처음 이름을 알렸다. 그로부터 10년 후 페리클레스는 집정관으로 선출되어 한 세대 동안 그 자리를 지켰다. 아테네의 낙관주의를 건설적인 에너지와 현실적인 역동성이 깃든 정신으로 전환시켜 잘 통제되는 소용돌이처럼 이 도시 전역에 휘몰아치게 한 것은 순전히 페리클레스의 재능이었다. 페리클레스는 아테네 사람들이 그들의 머리와 손만 있으면 인간의 독창성이 만들어 낼 수 있는 모든 것 즉, 도시와 제국을 운영하고, 군인이 되고, 해전을 치르고, 식민지를 건설하고, 희곡과 조각, 회화, 음악, 법, 철학, 시학, 웅변술, 교육, 과학을 발전시킬 수 있으며 그 누구보다 잘할 것이라고 믿어 의심치 않았다. 게다가 이 모든 과업을 환희에 찬 자유로운 분위기에서 진행할 수 있다고 확신했다.

적재적소에서 권력을 잡은 것은 물론 그 자신도 천재적인 작가이자 역사가였던 열정적인 추종자의 보필을 받은 것은 페리클레스의 행운이었다. 투키디데스는 기원전 460년에 태어났다. 소크라테스보다 10년이나 연하지만 같은 해에 죽었으니 그와 동시대인이나 다름이 없었다. 그는 완벽한 역사가였다. 그도 그럴 것이 그는 고대의 어떤 역사가보다 눈앞에 벌어지는 사건들을 더 정확하고 객관적으로 파악했으며 더 끈기 있게 조사하고 더 진실하게 기록했기 때문이다. 하지만 그도 역사적 사건에 발을 담그고 있다고 느꼈으며 나름대로 굳건한 의견을 품었다. 게다가 한 세대 후 플라톤이 소크라테스를 숭배하듯 페리클레스를 숭배했다. 왜냐하면 페리클레스도 역사의 활력을 사랑했고 그 활력으로 가능했던 역동성을 좋아했기 때문이다. 처칠은 자신의 역사를 직접 썼지만 페리클레스는 돌림병으로 절명하는 바람에 그런 기회를 놓치고 말았다. 하지만 그에게는 그 일을 대신해 줄 투키디데스가 있었다. 그 기록의 정점은 펠로폰네소스 전쟁이 끝나고 1년 후에 아테네의 임명을 받고 페리클레스가 전사한 군인들에게 바친 추도 연설일 것이다. 장례식은 아테네의 상류층과 서민들이 모두 참석해 웅장하고 엄숙한 분위기에서 치렀다. 소크라테스도 그 장례식에 참석했으며 그의 곁으로는 극작가 겸 시인인 소포클레스와 에우리피데스, 건축가이자 조각가인 피디아스, 화가인 제욱시스가 있었다.

페리클레스가 전사자들에게 바치는 찬사는 인간은 운명에 무기력하게 희생되는 존재가 아니라 자신의 운명의 주인이라는 주제를 담고 있었다. 병사들은 인간이 만든 최고의 작품인 아테네를 수호하기 위해 목숨을 바쳤다. 더 구체적으로 말하자면, 그는 정의가 모두에게 공평하게 적용되고, 사회적 계급이 달라도 능력만 있다면 누구든지 출세를 할 수 있다는 점에서 모두 다 똑같지 않을 수도 있는 유일한 사회가 바로 아테네라고 목소리를 드높였다. 모든 아테네 시민은 자발적으로 법과 정부를 따랐으며, 궁극적으로 법과 정부를 통제했다. 그러한 과정에는 국가를 지키기 위해 싸우고 필요하다면 이 병사들처럼 목숨을 내놓는 것도 포함된다.

그러므로 아테네는 규율이 잡힌 곳이었으며 더 구체적으로 말하자면 자체적으로 규율이 잡힌 사회였다. 게다가 이 규율은 지적으로 자유로운 분위기와 균형을 잡았다. 사회는 개방적이었다. 권력의 집행은 투명했다. 비밀스러운 권력의 사용은 어디에도 없었으며 따라서 그 권위에 자발적으로 복종한 사람들은 아무런 의심도 하지 않았다. 이런 이유로 아테네 사회는 다른 그리스인들에게 일종의 전범 즉, '헬라스(그리스의 옛 이름—옮긴이)의 학교'(이 표현은 앞에서 나온 페리클레스의 추도 연설에 나온다.—옮긴이)였다. 그러므로 아테네가 다른 도시들을 지배했다면 그것은 시비곡직에 따라 이루어졌을 것이다. 따라서 아테네의 신민들은 그곳을 수호하기 위해 목숨을 바친 병사들만큼이나 아테네의 지배에 불평을 할 이유가 없다. 연설은 이런 내용을 담고 있었다. 이 뛰어난 연설은 투키디데스가 충실하게 기록을 했다. (물론 그는 연설에 미사여구를 곁들이고 보기 좋게 다듬었을 것이다.) 그리고 이 연설은 소크라테스에게도 생각할 거리를 잔뜩 던져 주었다. 앞으로 살펴보겠지만 연설을 보며 소크라테스는 자신도 확고한 의견을 품고 있었던 다양한 문제들과 마주쳤다. 특히, 이 연설은 소크라테스가 설득을 하기 위한 웅변술과 진리를 추구하는 철학으로 판가름한 차이를 확실하게 보여주었다. 페리클레스의 주장이 무척 설득력 있게 들리는 것은 확실하다. 그런데 그가 한 말은 모두 사실이었을까?

이 질문은 아테네 인본주의라는 거대한 이상을 선언한 사람이 페리클레스가 처음도 아니고 마지막도 아니었다는 점에서 무척 중요하다. 그는 별들의 무리 즉, 인간의 능력을 높이 평가한다는 면에서 뜻을 같이 한 온갖 종류의 재능 있는 남자들을 이끄는 지도자였다. 이들 가운데에는 나이 지긋한 아이스킬로스도 있었다. 그는 페리클레스가 집권한 지 5년 후인 기원전 456년에 죽었다. 그러나 그의 미완성 유작인 『사슬에 묶인 프로메테우스Prometheus Bound』는 인류에게 불과 예술을 가르쳐 주었다는 이유로 제우스에게 벌을 받는 신화적 인물의 이야기를 들려준다. 이 작품에서 프로메테우스는 압제받는 이들의 옹호자이며 독립심이 뚜렷한 사상가로 그려져 있다. 이 웅장한 희곡에 소크라테스는 열광했으며 특히 등장인물에 감정을 이입하기도 하고 반대하기도 했다. 이 연극은 소크라테스 생전에 몇 번이고 무대에 올랐다. 인본주의를 표방하는 무리에는 소포클레스(기원전 497~기원전 406)도 있었다. 소크라테스보다 25년이나 연상이었지만 그는 이 극작가를 평생 알고 지냈다. 소포클레스가 쓴 『안티고네Antigone』(기원전 441)는 잔인함과 자살, 절망이 뒤섞인 절망적인 분위기의 비극으로, 인간을 가장 고귀하게 그렸으며 남자와 여자에게 바치는 찬가였다. 이 희곡은 너무나 성공적이어서 페리클레스는 다음에 스트라테고스가 되었을 때 소포클레스를 공직자에 천거하기도 했다. 그 결과 소포클레스는 기원전 440년에 장군으로 뽑혔는데, 이 자리부터 시작해서 그는 창작활동을 하는 사이사이에 다양한 공직을 맡아 활동했다.

인본주의를 표방하는 수많은 별들 가운데 페리클레스의 관점은 물론 아테네의 관점에서도 가장 중요한 인물이 바로 프로타고라스(기원전 485~기원전 415)였다. 프로타고라스는 트라키아의 아브데라 출신이었으나 페리클레스의 아테네를 근거지로 삼아 소피스트로 기원전 455년부터 제자들을 가르쳤다. 그는 페리클레스의 인간중심주의 원칙의 주요 이론가이자 대변인이었다. 플라톤은 『테아이테토스』에서 프로타고라스를 "인간은 만물의 척도"라는 경구를 만든 사람이라고 썼다. 그의 저서인 『진리에 대해서On Truth』와 『신들에 대해서On the

Gods』는 지금 남아 있지 않다. 그러나 『신들에 대해서』는 고대 그리스에서 최대한 무신론에 가까운 내용이었다. "신들에 대해서라면 나는 신이 존재하는지 아닌지 알아낼 방법이 없다. 신이 존재한다면 어떤 모습일지도 알 도리가 없다. 신에 관한 지식을 구할 수 없는 이유는 여러 가지가 있는데, 이 주제가 너무 난해하거나 인간의 삶이 덧없기 때문이다." 대부분의 아테네 사람들처럼 소크라테스도 프로타고라스가 부유하거나 고귀한 집안의 젊은이들에게 '아르테' 즉 덕목에 대해 이런저런 것을 가르치고 게다가 덕목을 세속적인 의미의 '출세'의 수단으로 가르치는 것을 못마땅해 했다. 프로타고라스는 수업료를 높이 받아 부자가 되었다. 당연히 프로타고라스와 소크라테스는 프로타고라스의 이름을 딴 매력적이고 귀한 결실을 거둔 대화에서 맹공을 퍼붓는다. 이 대화를 통해 프로타고라스의 세련되고 합리적인 모습과 소크라테스의 물욕이 없고 이성적인 모습이 드러난다. 두 철학자는 경쟁하듯 '진보적인' 의견을 주장했는데, 프로타고라스의 주장이 특히 혁신적이었다. 그는 범죄에 대한 정의는 복수나 응징으로 실현해서는 안 된다고 주장했다. 어떤 식으로든 처벌의 목적은 범죄자가 범죄를 단념하게 하고 다른 범죄를 미연에 방지하는 것이어야 한다고 주장한 것이다. 앞으로 살펴보겠지만 이것은 소크라테스가 거대한 역사적 결과와 함께 발전시키려고 했던 주제였다. 이 대화편은 플라톤의 기록 중에 단연 압권이다. 나는 이 자리에서 소크라테스가 논쟁과 교육에 사용한 방법론을 다루지는 않을 것이다. 그런데 프로타고라스는 소크라테스가 만났고 논쟁을 했던 영리한 사람들과 달리 범상치 않은 문제를 제기했다. 프로타고라스는 고도로 논리적이고, 중도적이었고, 제인 오스틴이 '이성적인 사람'이라고 부를 만한 타입이었다. 소크라테스는 불쾌하게 여겼지만 가장 날카로운 아이러니를 발휘한 프로타고라스의 세속적인 면은 상당한 감각은 물론 상식이라는 매력적인 겉모습과 함께 드러났다. 그런데 이 두 가지야말로 페리클레스가 중시했던 요소였다. 그는 이 철학자에게 진보에 대한 대중 강연을 하도록 지시했다. 그리고 기원전 443년에는 새롭게 아테네의 식민지가 된 투리의 헌법을 만들라는 지시를 내린다.

도시의 문명화된 생활은 완전해야 하고 합리적인 시민은 자신의 도시와 자신에 대한 의무로 도시의 모든 측면에 참여해야 한다는 것은 아테네 사람들에게 깊이 뿌리내린 신념을 고려한 페리클레스의 의견이었다. 그리스의 도시들은 계획적으로 만들어졌으며 아마 역사상 최초로 지적이고 의도적인 방식으로 운영되었을 것이다. 기원전 5세기 무렵 그리스인들은 중동의 일부 지역을 격자무늬로 개발하는 방식을 채택했다. 이로 인해 도시 계획이 더 수월해졌다. 아테네의 아크로폴리스처럼 도시에서 가장 중요하게 지켜야 할 곳은 지리학과 지질학에 의해 정해질 수도 있었다. 하지만 어느 정도 선에서는 도시를 합리적으로 만들 수 있었다. 회의실과 극장, (음악을 위한) 공회당인 리시움,

다양한 김나지움과 학교, 경기장, 광장이나 시장 같은 도시의 편의시설은 서로서로 편리한 위치에 설계했다. 더불어 모든 시설은 도시의 성인 남성 시민을 모두 수용할 수 있는 규모로 만들었다.

아테네는 상하수평으로 사회적인 이동이 가능한 사회였다. 소크라테스가 마흔일 때 태어난 파시온이라는 젊은 노예는 심부름을 맡아 하던 은행에서 영리하게 열심히 일을 한 결과 자유를 살 수 있었다. 후에는 재주를 발휘해 민회로부터 시민권을 획득했다. 아마도 시민권은 돈으로 샀을 것이다. 파시온은 마침내 그리스에서 가장 부유한 사람이 되어 데모스테네스와 이소크라테스(그의 유명한 트라페지티쿠스 혹은 '은행가를 반대하는 연설')로부터 성난 연설을 이끌어 낼 정도로 악명을 얻었다. 소크라테스가 살던 시대에는 레슬링 챔피언이 저명한 철학자가 된 일도 있었다. 극작가와 역사가들이 장군이 되고 장군과 역사가, 시인이 정치가가 되고 정치가들은 희곡을 썼다. 건축가가 식민지를 건설할 수도 있었고 램프를 만들던 사람이 도시를 통치할 수도 있었다. 플라톤은 평생에 가까운 시간을 시에 바쳤다. 소크라테스는 공직 생활을 진지하게 생각했지만 '그의 이성과도 부합했던' 하늘로부터의 계시를 받은 후 그 생각을 접었다. 기원전 5세기 무렵 아테네는 재능이 있는 남자라면 직업과 소명의 경계를 쉽게 뛰어넘을 수 있는 역사적으로도 독특한 도시였다.

아테네는 민주주의와 제국, 문화적 성공이 뒤섞인 즉, 승리주의가 팽배한 곳이었다는 점에서도 독특했다. 적어도 페리클레스의 전성기에는 그랬다. 그 비결은 돈이었다. 원래 페르시아와 싸우기 위해 만들어진 델로스 동맹은 여러 동맹과 식민지로 구성된 아테네 제국의 기반이 되었다. 이 동맹국과 식민지는 아테네가 운영한 공동의 국고에 돈을 바쳤다. 이 기금 중 일부로 페르시아군의 약탈로 파괴된 부분을 복구하기도 했다. 그런데 페리클레스는 권좌에 오르자 공동 기금을 활용해 아테네를 가장 으리으리하게 재건할 계획을 짜기 시작했다. 특히 그 계획의 중심은 아크로폴리스였다. 핵심은 금과 상아로 만든 아테나 여신의 거대한 조각상을 세울 수 있도록 아크로폴리스의 가장 높은 곳에 파르테논을 세우는 것이었다. 페리클레스는 공동의 기금을 동맹을 구성한 모든 도시국가들의 이익을 위해 썼다고 주장했다. 아테네가 모든 동맹국을 보호하는 수호자라는 것이 그 이유였다. 그러므로 모든 그리스인들이 지금도 그러하듯이 아테네와 이곳의 영광을 그리스 문명의 전형으로 우러러 보아야 한다는 것이었다. 하지만 다른 사람들은 그 돈이 악용되었다고 여겼다. 특히 아테네가 도시마다 부과한 조공의 액수를 높이려고 할 때마다 그런 분위기가 팽배해졌다. 세금이 모국이 주장하는 것처럼 모두를 위해서 좋을지 오로지 모국에만 이득이 될지는 자유로운 분위기였을 제국이 공통적으로 겪는 갈등이었다. 이 갈등은 대영제국의 역사 내내 계속된 논쟁의 계기가 되었다. 결국 13개 아메리카 식민지와의 분쟁을 촉발해 독립전쟁과 미국의 건국을 낳기도 했다.

어쨌든 페리클레스는 자신의 정책을 밀고 나가 공동 기금을 아테네를 위해 사용했다. 그 결과 아테네는 고대 세계에서 예술과 건축계의 중심이 되면서 그리스 전역은 물론 그 너머에서도 장인들과 특히 솜씨 좋은 석공들이 모여들었다. 특히 석공이 모여드는 현상은 소크라테스에게 지대한 관심을 끌었다. 돌을 다루는 일이 가업이었기 때문이다. 그래서 관례에 따라 그도 아버지처럼 석공이 되었다. 내가 보기에는 그가 판테온 건축 계획에 매료되었을 가능성이 더 큰 것 같다. 이 계획에 따라 드러난 기술적이고 철학적인 문제를 깨달았기 때문이다. 페리클레스는 친구이자 지지자인 피디아스(기원전 490~기원전 432)에게 문화와 건축 프로그램에 대한 전반적인 책임을 맡겼다. 당시 두 사람의 관계는 교황 율리우스 2세와 미켈란젤로, 프랑스 국왕 루이 14세와 샤를 르브룅, 나폴레옹 3세와 오스만 남작에 비유할 수 있다. 피디아스는 그림이면 그림, 건축이면 건축 등 예술적 기교와 판단, 웅대한 아이디어가 필요한 것이라면 뭐든 감당할 수 있을 정도로 대단한 사람이었는데, 전문 분야는 조각이었다. 그는 이미 10미터 높이의 아테나 청동상을 제작해 아크로폴리스에서도 눈에 띄는 장소에 세웠다. 이 아테나 상은 '챔피온'으로 알려졌다. 아침 햇살이 이 여신의 투구와 창끝을 밝힐 때면 그곳에서 20마일(약 12킬로미터)이나 떨어진 수니움 곶을 지나가던 선원들도 볼 수 있었다. 선원들은 빛나는 아테나 상을 보며 벌써 집에 도착한 듯 느꼈다.

피디아스는 복구된 아크로폴리스의 상징물로 황금과 상아로 만든 아테나 조각상에 착수하면서 더불어 그에 어울리는 웅장하고 장식적인 사원인 파르테논 건축도 시작했다. 조각상의 얼굴과 양팔, 맨살이 드러나는 부분은 상아로 만들었지만 대부분은 황금으로 제작했다. 황금으로 만들었지만 감춰져 보이지 않는 부분도 있었다. 이렇게 웅장한 조각상은 세상을 놀라게 하려는 것이었지만 아테네가 보유한 금을 안전하게 보관하려는 목적도 있었다. 황금으로 만들어 감춰 놓은 부분은 필요할 때 사용할 수도 있었다. 그러므로 피디아스의 아테나 상은 아테네를 상징하는 신이자 중앙은행의 역할도 했다.

이렇게 귀중한 숭배의 대상이 서 있던 파르테논은 도리스 양식을 집약해 놓은 걸작이었다. 도리스 양식은 (인정을 하지는 않지만) 그리스인이 장대한 이집트 건축양식을 모방해 눈부시게 발전시킨 석조 건축양식이다. 이 양식은 어처구니없을 정도로 단순했다. 그래서 기원전 5세기 무렵에 이미 구식이 되었지만 인간이 만들 수 있는 최대 규모의 엄숙한 종교적 건물을 만들기에 적합했다.

이 어마어마한 규모의 건축물은 기원전 447년에 착공되어 꼬박 10년 후인 기원전 438년에 완공되었다. 파르테논을 지은 건축가는 익티노스였다. 그는 칼리크라테스와 카르피온이라는 건축가들의 도움을 받았는데, 이들에 대해서는 알려진 사실이 전혀 없다. 다만 익티노스는 실력을 갖춘 사람으로 아르카디아의 밧사에에 웅장한 아폴론 신전을 세웠다고 알려져 있다. (로마의 건축가인 비트루비우스가 쓴 건축에 관한 논문에 따르면) 이 신전을 지은 기록을 남길 정도로 글솜씨도 뛰어난 작가였다고 한다.

파르테논이 남아 있지 않다는 사실은 무척 유감이다. 왜냐하면 이 건축물의 웅장한 규모에서 철학적 문제 두 가지가 비롯되었기 때문이다. 소크라테스는 이런 이유로 파르테논을 무척 중시했다. 첫 번째 문제는 건축가들이 건축물을 설계할 때 거의 감지할 수 없을 정도로 직선에서 벗어남으로써 환상적인 긴장감과 흥분을 이끌어 내는 방식이었다. 이런 기술 혹은 과학을 엔타시스라고 부르는데, 마주보는 힘들이 물체를 지탱한다는 뜻의 그리스어 동사 '엔테이네인enteinein'에서 유래했다. 기원전 5세기 그리스 건축가들은 알베르트 아인슈타인이 시공간에 대해 "만물은 약간 구부러져 있다"고 하는 말을 들었다면 모두 동의를 했을 것이다. 삼면으로 넓은 아치와 결합한, 직선에서 미세하게 벗어난 선과 엔태블러처(기둥 위에 걸쳐 놓은 수평 부분—옮긴이)에도 되풀이되는, 스틸로바테스(대좌—옮긴이)의 살짝 위로 향한 만곡 부분, 두꺼운 모서리 기둥과 모서리 기둥 사이의 이중 수축 등을 비롯해 수많은 공법들 덕분에 파르테논은 훨씬 더 '생생하고' 생동감과 유기적인 생명력이 넘치는 건축물로 완성되었다. 이를 위해 측정 작업은 당연히 정밀하게 진행되어야 했다. 덕분에 건축가와 제도공, 조각가,

석공 등에게는 다른 차원의 작업이 요구되었다. 소크라테스가 수학이 (제자인 플라톤이 제기한 형이상학적인 고찰의 대상이 아니라) 실용적인 학문이 되어야 한다고 주장했을 때 그는 분명 파르테논을 짓기 시작해 완성하는 순간까지 모두 지켜본 경험을 염두에 두었을 것이다.

플라톤과 크세노폰이 기록한 다양한 대화편들을 보면 소크라테스는 예술에서 환상적인 효과가 나타나는 전 과정에 매료되었다. 특히 엔타시스 양식은 그러한 환상성이 가장 미묘하게 적용된 결과물의 하나였다. 건축가들이 '작은 변화로 개선한 부분'이라고 부르는 것들은 피디아스가 주도했지만 페리클레스와 협의를 거쳤을 것이라고 추측할 수 있다. 왜냐하면 그런 작업을 위해 공사비용이 눈덩이처럼 불어났을 것이기 때문이다. 파르테논에서 동쪽의 위로 향한 만곡부인 크레피도마krepidoma와 바깥쪽 면을 우묵하거나 불룩하게 처리한 벽은 놀라운 볼거리였고 제작비용도 무척 많이 들었다. 실제로 파르테논은 고대의 건축술에서 광학적 정교함이 절정에 달했음을 보여주는 증거였다. 온통 최상의 대리석으로 만들어진 파르테논을 세울 때 이 만곡부들 때문에 작업은 상상도 못하게 어려워졌다. 하지만 덕분에 더 아름답고 안정적인 건축물이 완성되었다. 이로 인해 2500년이 지난 지금까지도 온갖 야만인과 투르크인, 베네치아의 포병들의 공격에도 불구하고 살아남을 수 있었을 것이다.

파르테논은 안과 밖으로 피디아스의 꼼꼼한 눈길과 때때로 대가의 손과 끌로 완성한 최상의 조각품으로 장식되었다. 그 가운데서도 최고는 엘긴 경이 그리스에서 반출해 지금도 대영박물관에서 전시하고 있다. 온전한 모습을 유지하고 있는데, 고대 그리스 예술이 집약된 듯하다. 얼마나 뛰어난 작품인지 여기서 더 보탤 필요는 없으므로 소크라테스가 지대한 관심을 품었던 특징 하나만 언급하고 넘어가도록 하자. 그리스의 사원은 신들의 집이었다. 그러므로 신전의 안과 밖의 장식은 그곳에서 모시는 신의 활동을 보여주었다. 그것은 종교적 의무이자 융통성을 발휘할 수 없는 예술적 관습이었다. 하지만 파르테논의 프리즈(방이나 건물의 윗부분에 그림이나 조각으로 띠 모양의 장식을 한 것—옮긴이)는 인간들의 모습으로 장식을 했다. 아테나 여신을 숭배하는 아테네 시민들이 계급별로 행진하는 모습이었다. 비록 종교적인 목적이었다고는 해도 인간 남녀들이 모인 모습을 신전에 새겨 넣은 그리스 최초의 시도였다. 이런 작품은 현재 얼마 남아 있지도 않다. 그 외는 모두 신이나 신화의 영웅적인 장면을 새겨 넣은 것들이다. 이렇게 혁신적인 시도는 다분히 의도적이었고 최고 권력층의 승인을 받았다는 점은 의심의 여지가 없다. 게다가 페리클레스의 인본주의가 지닌 가장 모험적인 측면을 보여준다. 소크라테스는 페리클레스가 시작한 전반적인 문화적 정책에서 이런 면을 가장 뛰어나다고 보았음에 틀림이 없다.

대영박물관을 비롯해 각지에서 이런 대리석 유물을 볼 수 있다. 사람들은 그 유물을 볼 때마다 경외심에 말문이 막힌 채 파르테논의 웅장했을 규모에 찬탄의 눈길을 보낸다. 그런데 이런 이미지는 시와 음악과 같은 청각적 맥락에서 감상해야 한다. 우리는 소크라테스의 정신을 침묵 속에서 떠올려서는 안 된다. 그리스인들은 문명화되었고, 절제되고, 규율이 잡힌 소리를 만들어 내면서 야만적인 상태에서 벗어났다. 그 소리는 시를 암송하는 소리였을 수도 있고 주로 현악기인 리라와 플루트 혹은 복관複管 아울로스 같은 다양한 악기로 반주를 한 합창곡이나 독창곡이었을 수도 있다. 그리스인들은 산문을 쓰기 오래 전부터 시를 노래하거나 암송했다. 그러므로 그리스의 사상가들이 윤리학에 몰두하기 몇 세기 전만 해도 음악은 도덕을 가르치는 일종의 양식이었다.

기원전 5세기에 그리스인들은 음악이 감정에 미치는 강력한 힘을 알고 있었기에 이 분야의 지적인 측면을 체계적으로 탐구하기 시작했다. 지금은 이탈리아에 속하는 지역에서 살았던 피타고라스는 음계와 수학의 관계를 발견했다. 한편 아테네의 다몬은 거의 최초로 음악에 대해 광범위한 글을 썼다. 특히 다양한 리듬과 음계가 사람들에게 미치는 윤리적 효과에 대한 글을 많이 썼다. 소크라테스는 다몬과 그의 스승인 프로디쿠스를 잘 알았고 두 사람을 존경했다. 플라톤은 스승인 소크라테스로부터 음악적 윤리학이라는 주제를 접했으므로 훗날 글을 쓸 때 유독 할 말이 많았는데, 특히 『국가론Republic』에서 많이 언급했다.

소크라테스는 음악을 감상하는 능력은 부족했던 것 같다. 지혜와 덕을 추구하는 사람이라면 음악을 해야 한다는 사실을 알았지만 그런 쪽으로는 도무지 재주가 없었다. 그는 철학은 가장 순수한 형태의 음악이라는 말로 자신을 변호했다. 말년에 그도 리라를 배워 보려고 했다. 요즘 사람들이 기타를 쉽게 배울 수 있다고 여기는 것처럼 당시에는 악기 초보가 가장 쉽게 접할 수 있는 악기가 리라였기 때문이다. 그는 음악의 중요성에 대해 조금도 의심하지 않고 다몬의 말을 경청했다. 그런데 우리는 다몬이 페리클레스의 가정교사였다는 점에 주목해야 한다. 음악은 남녀노소를 불문하고 수많은 시민을 공공 행사에 끌어들일 수 있는 독특한 수단이었다. 당시에는 악기로 반주를 하고 노래를 부르는 제전 행렬이 그칠 줄을 몰랐다. 디필론(고대 그리스의 아테네 성벽 북서부에 위치한 시의 성문—옮긴이) 근처에 서 있는 특별한 건축물인 폼페이온은 이런 행렬이 집결하는 지점에 세워졌다. 늙은 남자들은 녹색 나뭇가지를 들었고 젊은이들은 제물로 쓸 동물을 끌고 갔다. 종종 전차와 말을 탄 남자들이 뒤를 따르기도 했다. 집행관들이 질서를 유지했다. 어느 행렬에나 합주단이 함께 했다.

당시 아테네를 보여주는 창문인 도자기의 그림을 보면 제식에 음악이 어떤 식으로 쓰였는지 일목요연하게 알 수 있다. 소크라테스가 태어나기 30년 전에 제작되어 지금은 뮌헨 고대미술박물관에 소장되어 있는 검은색 아티카식 암포라 항아리에는 아울로스와 (전문가용 리라인) 키타라, (베이스 리라인) 바비토스, 딱따기로 구성된 악단이 나온다. 딱따기를 든 남자는 춤을 춘다. 악기 연주자들은 대개 남자다. 하프는 여자들이 연주했지만 너무 커서 들고 다닐 수가 없었다. 반면 합창은 성인 남자와 소년은 물론 성인 여자와 소녀도 함께 불렀다. 리라는 원래 거북이 등껍질로 만들었는데, 등껍질이 울림통 역할을 했다. 소크라테스가 살았던 시대에 와서는 울림통을 나무로 만들었다. 키타라는 더 컸는데, 울림통을 연장한 팔이 여럿 달려 있었다. 악기가 크고 육중해서 끈을 달아 어깨에 걸고 왼쪽 손목에 묶은 띠로 악기를 지탱하며 몸에 딱 붙여서 들고 다녀야 했다. 리라는 훨씬 가벼워서 여자들도 들고 다니면서 연주할 수 있었다. 도자기에는 여자들이 아울로스를 연주하는 모습도 그려져 있다.

현재까지 남아 있는 고대 그리스 악보의 마디는 천 개 정도에 불과하다. (그 중에는 바위에 새겨진 것도 있다.) 하지만 소크라테스가 죽은 지 한 세대 후에 태어난 음악 이론가인 아리스토크세노스는 음이 3옥타브에 걸쳐 있으며 베이스와 바리톤, 테너, 알토, 소프라노에 따라 5성부로 나눌 수 있다고 했다. 특히 알토와 소프라노는 아이들이 부를 때가 많았다. 음악의 장르도 다양했다. 먼저 속도가 다양하고 비트가 강한 행렬용 음악, 찬송가, 디오니소스를 주신으로 찬양해 남자만이 술을 마시고 불렀던 익살스러운 송가, 여러 신과 신화나 동시대에 등장한 영웅들을 찬양하는 노래인 찬가 등이 있었다.

찬가는 페리클레스 시대에 인기가 높았다. 그는 공공 행사에 승리를 자축하고 심지어 군가 같은 음악을 즐겨 연주하게 했다. 그는 자신의 조각상은 헬멧을 쓴 채 헬멧의 얼굴 가리개를 들어서 엄격하고 잘생긴 이목구비가 드러나게 만들라고 지시를 했다. 대영박물관에는 기원전 5세기에 제작한 청동상을 훌륭하게 모방한 로마 시대 조각상이 전시되어 있다. 어쨌든 페리클레스의 노력 덕분에 음악은 아테네의 일상에서 이전보다 훨씬 중요한 요소로 자리 잡게 되었다. 소크라테스 시절에는 키네시아스와 티모테우스, 필록세누스, 멜라니피데스와 같은 전문적인 작곡가의 곡을 듣게 되었다. 아쉽게도 이들의 곡은 아무것도 전해지지 않는다. 그리스에서는 한동안 음악 경연대회가 개최되었다. 이를테면 피티아 제전 중에 델포이에서 대회가 열렸는데, 핀다로스(기원전 5세기경의 그리스의 서정시인—옮긴이)의 시 가운데에는 아울로스 연주자의 우승을 축하하는 시도 있다. 그런데 페리클레스는 아테네에서 범아테네 음악 경연대회를 열어 키타라와 아울로스에 맞춰 부르는 독창곡과 이 두 악기의 독주에 이르기까지 모든 종류의 음악에 상을 주었다. 소크라테스가 궁극적으로 음악과 음악의 윤리적 의미에 대해 관심을 품게 된 것은 그만큼 음악의 질이 높아지고 종류도 다양해졌다는 사실을 반영한다.

페리클레스가 일으킨 문화 혁명의 역동성은 극장에도 똑같이 영향을 미쳤다. 그런데 이런 혁명이 음악과 연극 사이에 뚜렷한 구분을 두었다는 오해를 일으키기 쉽다. 그 구분이 무엇이 되었든 말이다. 아테네 극장과 오데온 극장이 별개의 건물에 나뉘어 있었지만 음악 공연은 대부분 연극적인 요소가 있었고 무대에 오르는 공연에 연극적인 낭송의 전후나 때로는 낭송을 하는 사이사이에 음악적 요소가 빠지는 경우는 절대 없었다. 그리스인들은 자신들이 즐기는 음악의 리듬감과 시적 운율 사이에 큰 차이가 있다고 느끼지 않았다. 원래 연극의 핵심은 읊조리든 노래를 부르든 합창이었다. 구성단위는 운율적인 음보(하나의 시행에서 강세를 받는 음절 하나와 강세를 받지 않는 음절 하나 이상으로 이뤄지는 단위–옮긴이)가 아니라 구句이다. 그래서 시인은 합창곡의 가사를 쓸 때 복잡한 스탠자(4행 이상의 각운이 있는 시구–옮긴이)를 쌓아 나갔다.

그리스인들은 시인들이 글을 읽고 쓸 줄 알기 오래 전부터 늘 시인들을 배출했다. 그리고 모든 시는 그 기원이 종교였다. 즉, 시는 신의 행위와 신과 인간의 관계를 다루는 것에서 시작되었다. 시인들은 자신들의 작품을 암송했고 당연히 자신들이 지은 시를 모두 외우고 있었다. 이런 전통은 영국에서 면면히 이어졌다. 이를테면 콜리지와 워즈워스의 시대에는 시를 암송했다. 청중도 일부분을 암송할 수 있었다. 소크라테스의 시대에는 심지어 청중도 시 전체를 암송했다. 소크라테스는 친구들 가운데 『일리아드Iliad』를 모두 암송하는 사람이 있다고도 했다. 호메로스의 작품은 유사 종교적인 성향을 보이는데, 그리스인에게는 유대인의 토라와 가장 가까운 것이라 할 수 있었다. 왜냐하면 『일리아드』는 그리스인의 역사만 이야기하는 것이 아니라 어떤 의미에서는 예의범절과 도덕성까지도 가르치기 때문이다.

연극도 디오니소스를 숭배하는 것에서 시작되었으므로 그 기원은 종교에 있었다. 반인반수이며 희비극적이고, 술고래이고, 야만스러운 부족에서 기원한 사티로스를 닮은 이 신은 유대교와 기독교에서는 상응하는 신을 찾을 수가 없으며 우리로서도 이해하기가 쉽지 않다. 하지만 그리스의 문화적 상상력에 각인된 디오니소스의 영향력은 어마어마하다. 소크라테스의 얼굴과 체형이 이 주신酒神과 닮았다는 사실은 아테네인들이 그에게서 매력과 호감 혹은 비호감을 느낀 중요한 원천이었다. 소크라테스가 말을 시작하면 아테네인들은 도저히 눈을 뗄 수가 없었다. 주신 디오니소스는 우리가 종교에서 근본주의자나 복음주의자라고 부르는 면을 대변했다. 극도로 감정적이고, 시끄럽고, 노래를 좋아하고, 박수 치고, 고래고래 소리치고, 춤을 추었기 때문이다. 주신 숭배의 의식은 주로 남자들이 과격하게 와인을 마시는 것으로 자격을 인정받았다. 여자들은 무아지경에 빠진 상태에서 경련을 일으켰으며 이런 상태에 빠진 여자들은 디오니소스의 여신도maenad(이 단어에는 여자 술꾼이라는 뜻도 있다.―옮긴이)라고 알려졌다. 그들은 사람 얼굴을 한 가면을 썼다. 이것이 바로 연극의 진정한 기원이었다. 이윽고 이런 행위가 희극과 비극으로 갈라졌다.

초기에는 음악이 압도적인 역할을 담당했다. 그 가운데서도 주된 공연자들은 합창단이었다. 당시의 음악과 합창은 그 분위기가 연극보다는 오라토리오에 훨씬 더 가까웠다. 원래 디오니소스적 연극에서 주신을 찬양하는 노래는 시의 형태를 한 송가였다. 그러므로 그 행위는 숭배의 형식이었으며 합창은 아테네 사람들이 신에게 경의를 보내는 방식이었다. 그러다 점차적으로 디오니소스적 요소가 줄어들면서 그대로 사라지고 오직 가면을 쓴 익살극의 종류인 희극에만 남아 있게 되었다. 한편 연극은 본질적으로 비극적인 그리스 신화와 전설에서 따온 이야기들을 극적인 형태의 행동과 노래로 보여주었다. 이때 합창은 서사적인 해설과 핵심적인 교훈을 들려주었다. 종교적인 연극은 소크라테스가 살아 있는 동안 내내 무대에 올랐으며 기원전 4세기까지 지속되었다. 왜냐하면 그 주제가 인간과 인간의 운명을 주재하는 신들의 관계를 주제로 다루었기 때문이다.

일부 그리스인들은 영생과 영혼의 불멸이라는 사상을 믿기 시작했다. 이것이 소크라테스 사상의 중심 주제였다. 또한 디오니소스를 다루는 연극은 비극적인 형태를 띠었는데, 이런 연극이 이 주신을 영혼의 주인으로 보는 믿음의 원동력이었다. 기원전 5세기에는 영생과 영혼의 구원에 대한 비슷한 사상이 다른 문명권에서 시작되고 있었다. 특히 이집트에서 이런 움직임이 두드러졌고 팔레스타인의 히브리인들 사이에서는 더욱 더 그런 움직임이 강했다. 히브리인들은 이러한 영향력의 결과로 연극의 형태를 발전시키기도 했다. 대표적인 예가 『욥기』로, 이것은 정전正典에 포함된 덕분에 지금까지 살아남을 수 있었다. 학자들은 『욥기』가 기원전 400년경, 즉 소크라테스가 목숨을 잃을 당시에 쓰였을 것으로 추측하고 있다. 그 무렵 그리스의 비극은 성숙한 단계에 다다랐지만 여전히 종교적인 색채를 간직하고 있었다. 조롱을 일삼는 합창과 더불어 자연계에 대한 어마어마한 묘사 속에 진행되는 욥과 신의 대화를 담은 『욥기』는 신의 섭리가 신비롭게 이루어지는 과정에 대한 연극이다. 그러므로 이것은 대중을 향해 암송할 목적으로 만든 시이다. 그것은 기원전 5세기 그리스 연극에서 항상 볼 수 있는 특징이었다. 『욥기』가 그리스의 종교극에 영향을 받지 않았다면 그것이 더 놀라울 것이다. 지금은 사라진 히브리의 다른 연극들도 분명히 그러했을 것이다. 내가 아는 한 소크라테스가 살던 시절 유대인이 아테네를 찾아왔거나 그곳에서 살았다는 증거는 없다. 반면 많은 그리스인들이 팔레스타인에 살았다.

우리는 이제 그리스가 세계 고전 문학에 가장 큰 기여를 한 증거로 대개 디오니소스의 극장에서 초연을 했던 아테네의 비극시를 꼽게 되었다. 물론 호메로스는 예외이다. 비극시는 기원전 5세기 내내 변화하고 발전을 거듭했다. 특히 페리클레스가 문화에 기울인 노력을 통해 발전 속도가 훨씬 빨라졌다. 경연대회가 연례행사가 되었고 우승자에게는 큰 상을 수여했다. 그 결과 수많은 극작가들이 등장했다. 하지만 무대는 세 사람의 손아귀에 들어가 있었다. 가장 먼저 등장해 역사적으로 페리클레스가 가장 좋아한 장르를 확립한 아이스킬로스(기원전 525~기원전 456)는 마라톤 전투에 참전했으며 살라미스 해전에도 참전했을 것으로 추측된다. 그는 신심이 깊은 아테네의 열렬한 애국자였다. 그는 평생 수많은 대회에서 우승을 했으며 그 결과 사후에도 그의 연극이 계속 상을 받았다. 하지만 70~80편에 달하는 작품 가운데 지금까지 남아 있는 작품은 7편에 불과하다. 소포클레스의 경우에도 136편을 썼고 그 가운데 96편이 1등이나 2등을 차지했지만 (3등은 단 한 차례도 받지 않았다.) 겨우 7편이 남아 있다. 에우리피데스(기원전 485~기원전 406)는 두 사람보다 운이 좋았다. 그가 쓴 92편의 희곡 가운데 19편이 남아 있다. 게다가 그도 경연대회에서 상을 휩쓸었다.

연극에 대해 상세한 글을 남긴 아리스토텔레스에 따르면 코러스와 교대로 배우를 단독으로 내세우는 것을 처음으로 도입한 사람은 기원전 6세기의 극작가 테스피스였다. 아이스킬로스는 이러한 혁신적인 장치를 기반으로 배우를 두 명으로 늘렸다. 그의 후기 희곡에는 세 명이 나온다. 세 번째 배우를 등장시킨 사람은 소포클레스였지만 말이다. 곧이어 배우는 네 명 이상으로 늘었다. 배우의 수가 늘어나면서 원래 압도적이었던 코러스의 역할도 점점 줄어들었다. 어느덧 코러스는 지금처럼 막을 치듯 장면과 장면 사이에 등장하게 되더니 기원전 5세기가 끝나갈 무렵 연극과는 아무런 관계도 없이 단지 음악으로 구두점을 찍는 역할만 하게 되었다. 아이스킬로스가 죽은 후로 연극에서 종교적인 요소도 점점 줄어들었다. 그 결과 신화적인 영웅들은 점점 현실적인 인물로 대체되었다. 소포클레스와 에우리피데스는 에피소드를 만들었다. 두 사람 중 에우리피데스가 이런 움직임에 훨씬 적극적이었다. 기원전 5세기가 저물어 갈 즈음 신예 극작가인 아가톤이 등장했다. 그는 기원전 416년에 젊은 나이로 우승을 거머쥐었으며 『안테우스Antheus』와 같은 완전한 희곡을 만들어 냈다. 아쉽게도 그가 쓴 작품 가운데 겨우 40편이 남아 있을 뿐이다. 소크라테스에 대해 플라톤이 쓴 『향연Symposium』은 바로 아가톤의 우승을 축하하기 위한 글이었다.

소크라테스의 시대에는 에피다우로스의 웅장한 극장처럼 특별한 목적을 위해 만든 극장이 따로 없었다. 에피다우로스 극장은 음향효과가 어찌나 뛰어난지 뒷줄에 앉은 사람들도 무대 위에서 소곤거리는 소리를 다 들을 수 있었다. 밤을 배경으로 한 장면도 있었지만 연극은 대낮에 무대에 올렸다. 소포클레스는 무대장치를 도입했다. 얼마 후 배우들은 문을 통해 무대에 입장하고 퇴장하게 되었다. 다만 무대를 관객석보다 윗단으로 설치한 것은 소크라테스 사후인 기원전 4세기 이후였다. 희곡은 점점 더 진지하게 다루어졌고 경연대회의 승자를 공정하게 가리기 위해 노력을 아끼지 않았다. 아테네는 (원래 부족에 따라)

10개의 구로 나뉘어 있었다. 그래서 각 구마다 승자들의 이름을 항아리에 넣고 봉했다. 하지만 플라톤은 심사위원들이 대개 청중의 환호성의 크기에 따라 승자를 결정했다고 썼다.

소크라테스와 플라톤, 훗날 아리스토텔레스까지 연극의 발전에 깊은 관심을 가졌던 것이 틀림없다. 거기에는 특별한 이유가 있다. 기원전 5세기경 그리스 비극은 인간의 본성 즉, 인간의 성격과 고통을 받을 때 나타나는 행동에 점점 더 큰 관심을 보이게 되었다. 아이스킬로스의 희곡이 주목할 만한 인물들이 나오기는 해도 일단은 여러 유형을 보여주는 경향이라면, 소포클레스는 끔찍한 압박감을 받는 고귀한 인물들에 집중했다. 에우리피데스에 가서는 비정상적이거나 극단적인 사고방식을 종종 탐구했다. 아테네 사람들이 무대 위에서 본 것은 단순히 신체가 아니라 체화된 영혼이었다. 이것이 바로 소크라테스의 세계였다. 왜냐하면 그는 철학자였을 뿐만 아니라 심리학자였기 때문이다. 일반적으로 비극 극작가와 철학자들이 같은 영역에서 활약하고 있었고, 플라톤의 경우 소크라테스의 영향을 상당히 받았던 터라 비극 시인이 되었을 뻔했다는 사실은 그다지 놀랍지 않다. 그가 시인이 되었다면 훌륭한 시를 썼을 것이다. 소크라테스도 말년에 시를 썼지만 지금 남아 있는 작품은 한 편도 없다. 하지만 에우리피데스가 쓴 희곡을 소크라테스가 '손을 보았다'는 사실은 알려져 있다. 저명한 극작가의 작품을 훌륭하게 손볼 수 있는 사람이었으니 꾸준하게 연극을 보았을 것이고 연극이라는 매체를 속속들이 알고 있었을 것이다.

소크라테스는 디오니소스를 닮은 외모와 아이러니를 감각적으로 구사하는 능력, 재치, 삶의 거의 전반에 대해 비판적으로 접근하는 천성 덕분에 분명 희극을 손볼 수 있었을 것이다. 물론 그가 그런 작업을 했다는 증거는 어디에도 없다. 그리스인뿐만 아니라 고대인들은 공공장소에서 다른 사람인 척 하기를 즐겼다. 그래서 기괴하고, 음란하고, 익살스러운 짓을 일상생활에서 일부러 하지는 않았을 것이다. 돌에 새겨진 글을 보면 익살스러운 성인 남성 코러스가 아테네의 디오니소스 축제에서 이미 구식이 되었다는 사실을 알 수 있다. 기원전 6세기에 만든 아티카 양식의 흑화黑畵식 암포라를 보면 말처럼 분장을 한 남자들이 다른 남자 위에 올라타 가면을 쓴 채로 플루트 연주자와 함께 나타난다. 그보다 더 늦게 나온 다른 항아리를 보면 새처럼 옷을 입고 있다. 이 시대의 화병들을 보면 남근처럼 꾸민 채 춤추는 남자들이 나온다. 코린트에서 출토된 크라테르(물과 술을 섞는 항아리—옮긴이)에는 배가 불뚝하게 나온 가면 쓴 댄서들이 끈으로 묶여 있다. 디오니소스 행렬은 거대한 남근상을 가지고 다녔다. 그래서 아리스토텔레스는 조잡한 성적 농담인 외설적이고 익살스러운 시를 쓰곤 했다. 그는 그런 시를 '남근가男根歌'라고 불렀다. 그는 '수많은 도시에서 여전히 관례'지만 아테네에서는 더 이상 볼 수 없다고 썼다. 이런 짓을 하기에는 너무 세련되어졌기 때문이라는 것이다. 또 다른 특징으로는 청중을 막

대하는 모습을 들 수 있다. 이런 유희는 오늘날 미국의 코믹스에서도 즐겨 다뤄진다. 게다가 프랑스의 화가 툴루즈로트레크가 즐겨 그렸던 몽마르트의 야간 클럽 가수인 아리스티드 브리앙의 장사밑천이기도 했다. 역사가들은 고희극古喜劇이라고 부르는 기원전 5세기의 희극을 보면 연극이라기보다 제스처 놀이나 버라이어티 쇼와 더 비슷해 놀랍다. 이런 연극에는 동화와 민간전승만큼 말하는 동물들이 많이 등장했다.

플라톤이 기록한 소크라테스의 유명한 저녁 만찬에는 등장하지만 실제로 알려진 사실이 거의 없는 아리스토파네스(기원전 445~기원전 385)는 잡다한 장치들을 모아 놓은 연극을 풍자극으로 탈바꿈시켰다. 그의 작품 가운데 온전하게 남아 있는 작품은 11편이다. (제목과 단편적인 내용만 남아 있는 작품이 32편이 더 있다.) 그가 18세에 썼으며 경연대회에서 2등상을 수상했던 『연회의 사람들The Banqueters』의 일부가 현존한다. 그후 기원전 426년과 425년, 2년 동안 아리스토파네스는 『바빌로니아인Babylonians』(남아 있지 않다.)과 온전하게 남아 있는 첫 번째 희곡인 『아카르나이 사람들Acharnians』로 대회에서 1등을 수상했다. 『아카르나이 사람들』은 코믹한 요소들이 들어 있지만 진지한 분위기의 작품으로 전쟁과 평화라는 주제를 다루고 있다. 아리스토파네스는 희극작가로 분류되어 있지만 실제로는 실제 사건과 실존 인물들을 심하게 과장한 희극과 익살극을 위태위태하게 넘나들었다. 그는 풍자가라는 단어의 의미에 딱 들어맞는 작가였다. 그가 직접 연출했으며 (그때까지 규칙상 연출가로는 너무 어리다고 여겨졌다.) 아마도 그런 이유로 1등을 한 첫 번째 희곡인 『기사들Knights』(기원전 424)은 당시 군림하던 선동정치가인 클레온에 대한 공격이었고, 『말벌Wasps』(기원전 422)은 아테네의 배심원 제도를 풍자하고 있다. 『평화Peace』(기원전 421)는 거대한 딱정벌레가 자신이 갇힌 동굴로부터 평화를 이끌어 내는 반전 메시지를 담은 희곡이었고, 『여자의 평화Lysistrata』(기원전 411)도 반전을 주제로 하고 있다. 이 작품과 같은 해 연출했던 『여자의 축제Thesmophoriazusae』는 여자들이 나라를 다스리는 내용이다. 1등을 한 또 다른 희곡인 『개구리Frogs』(기원전 405)는 아이스킬로스와 에우리피데스 등이 주를 이루는 아테네의 연극과 문학의 (그가 보기에) 서글픈 참상을 그리고 있다.

영국의 연극계에서 아리스토파네스와 거의 흡사한 인물을 꼽으라면 벤 존슨을 들 수 있다. 벤 존슨은 이러한 고대 그리스의 연극으로부터 많은 것을 배웠다고 알려져 있다. 이런 연극들은 가상의 인물뿐 아니라 실존 인물과 실제 사건, 당시의 관습을 다루는데, 유난히 기괴하게 과장된 형태로 보여준다. 아리스토파네스는 클레온처럼 강력한 권력을 휘두르는 몹시 불쾌한 사람들을 소재로 삼았다. 그러면서도 어떻게 정치적인 박해나 추방, 사형 같은 처벌을 받지 않았는지 놀라울 따름이다. 그가 공공연하게 공격했던 클레온이 전쟁에서 전사한 일은 그에게는 행운이었을 것이다.

기원전 423년 아리스토파네스는 〈구름〉이라는 연극을 연출했는데, 여기에서 아테네의 소피스트들과 지식인, 철학자들을 광범위하게 공격했다. 특히 소크라테스에 주목했는데, 실제로 연극에서 그가 주요 등장인물이기도 했다. 지금까지 남아 있는 희곡은 무대에 올리지 않은 수정된 형태이다. 그래서 원작과 실제로 무대에 오른 모습은 정확하게 알 수 없다. 공연은 형편없었다. 지금까지 남아 있는 희곡조차 내 눈에는 조악하고, 설득력도 떨어지고, 지루하다. 그러니 원 작품도 그랬을지 모른다. 하지만 현대에 들어 공연은 성공을 거두었다. 아리스토파네스의 다른 작품들처럼 이 작품도 기발하게 진행된다. 이 작품은 실제 소크라테스는 물론 그의 견해나 실제 삶과는 아무런 관계도 없다. 아리스토파네스는 작품에서 소크라테스를 몹시 불쾌하고 사악한 남자로 그리고 있다. 그런데 왜 플라톤은 『향연』에서 아리스토파네스와 소크라테스를 친구로 묘사했을까? 유독 아리스토파네스를 매력적인 사람으로 그렸을까? 그가 『구름』을 집필할 때만 해도 악의적인 소문만으로 소크라테스를 알았다가 훗날 그를 직접 만나 이야기를 나눈 후 극적으로 평가가 바뀐 것이 아닐까, 이렇게 짐작할 수밖에 없다. 소크라테스는 이 극작가에 대해 아무런 감정도 없었다. 그는 연극에서 공격을 당하자 이렇게 말했다. "나를 향한 비판이 정당하다면 내가 바뀔 수 있도록 노력해야겠지. 만약 허튼소리에 불과하다면 신경 쓸 필요는 없어."

아리스토파네스는 『아카르나이 사람들』에서 페리클레스를 강력하고 심오하게 비난했다. 그의 사건을 보면 당연한 일이었다. 그가 전쟁을 그토록 증오하게 된 것은 페리클레스의 제국주의와 허영심의 결과로 발생한 불행과 파괴, 살육 때문이었으니 말이다. 아테네가 거둔 문화적 성과의 뒤에는 아테네가 그리스 세계를 지배할 권리가 있다는 오만함이 자리 잡고 있었다. 이런 오만함 때문에 스파르타와 충돌을 일으켰다. 그 충돌은 둘 중 어느 하나의 멸망으로 끝날지도 몰랐다. 페리클레스도 말했다시피 그리스는 두 나라가 공존하기에는 너무 비좁았다. 마침내 그리스 최고의 국가를 최종적으로 가리게 될 펠로폰네소스 전쟁이 기원전 431년에 시작되었다. 그 이듬해에 페리클레스는 역사에 길이 남을 연설을 했다. 그 무렵이 그의 영향력의 정점이었다. 이후 그는 몰락의 길을 걸었다.

기원전 430년에 펠로폰네소스 전쟁의 직접적인 영향으로 아테네에는 역사상 유례가 없는 전염병이 창궐했다. 수천 명이 목숨을 잃었다. 페리클레스의 일족마저 거의 목숨을 잃었다. 전염병은 아테네의 도덕성마저 파괴했다. 사람들은 페리클레스가 집권한 후 무시되었던 신들이 분노해 벌을 내렸다고 생각했다. 인본주의에서 무신론으로 다가간 사람들이 많은 것도 사실이었다. 페리클레스가 총애했던 철학자인 아낙사고라스는 우주론과 우주진화론을 내세워 사람들에게 불경스러운 인물로 찍혔다. 문화정치위원이었던 피디아스는 파르테논의 프리즈에 인간의 형상을 묘사했다는 이유로 비난을 받았다. '인간은 만물의 척도'라는 프로타고라스의 금언은 신성에 대한 불신을 공공연하게 선언한 것으로 치부되었다. 정권의 역사가였던 투키디데스는 여러 행사의 행렬에서 신에게 아무런 역할을 주지 않은 것으로 이미 유명했다. 전염병이 돌았던 해가 저물어 갈 무렵 인기가 급락한 페리클레스는 결국 정치권에서 하야했다. 그는 공공기금을 횡령했다는 죄목으로 기소되어 벌금형을 받았다. 이듬해 봄 여론은 다시 한 번 뒤집어졌다. 그는 한 번 더 스트라테고스에 뽑혀 자신의 지위를 되찾으려 했다. 그러나 그는 뒤늦게 전염병에 걸린 듯 했다. 정력도 예전만 못했고 자부심으로 빛났던 정신도 더 이상 볼 수 없었다. 그는 재선된 후 반년 만에 숨을 거두었다. 그러자 사람들은 벌을 받은 것이라고 수군거렸다. 그를 수행했던 사람들에 대한 마녀 사냥이 시작되었다. 피디아스는 거대한 아테나 조각상을 제작할 당시 국고의 금을 훔쳤다는 죄목으로 기소되었다. 이 죄목에 대해서는 무죄 판결을 받았지만 신앙심이 없다는 죄목으로 투옥되어 옥사했다. 프로타고라스와 아낙사고라스의 운명도 크게 다르지 않았다. 정적들은 심지어 페리클레스의 정부였던 아스파시아마저 기소했다. (이 인물에 대해서는 뒤에서 좀 더 다룰 것이다.) 후에 그녀는 무죄 방면되었다. 기원전 428년 인간의 이름으로 아테네를 다스리고 장식했던 뛰어난 인본주의자들 그룹은 그렇게 와해되어 뿔

뿔이 흩어졌다.

소크라테스는 전염병에도 살아남았는데, 이 사실에 그의 친구들은 놀라움을 감추지 못했다. 수많은 사람들이 피난을 가거나 집에 틀어박혀 지내는 동안에도 소크라테스는 전염은 아랑곳하지도 않고 평소처럼 거리를 활보하고 사람들과 이야기를 나누었기 때문이다. 그가 전염병에 걸리지 않은 것은 건강한 생활방식과 꾸준한 운동 덕분일 것이다. 그 무렵 그는 불혹의 나이에 접어들었으며 나름대로 아테네의 명사가 되어 있었다. 이제 그의 업적과, 특히 철학을 가르치는 데 활용했던 그만의 독특한 교수법에 대해 살펴보도록 하자.

•제4장•

철학의 천재, 소크라테스

소크라테스는 돌림병의 발병과 창궐, 페리클레스의 죽음, 그의 정권의 몰락, 그가 진행한 문화 정책의 중지, 추종 세력에 대한 박해, 아테네에 팽배한 불안과 각종 문제 등에 개인적으로 영향을 받았다. 이런 요인들로 인해 그는 자신이 어떻게 살아가고 있는지 진지하게 고민하기 시작했다. 그는 사색을 멈추지 않았으며 아테네 사람들과 대화하고 논쟁을 벌이기를 즐겼다. 그런데 소크라테스는 한 번도 직업을 가지지 않았다. 이 무렵 그는 자신에게 일종의 사명이 있다고 느끼게 되었다. 페리클레스 시대는 많은 면에서 찬탄을 불러일으키기에 부족함이 없었다. 제조업과 상업, 실용적인 기술을 장려했을 뿐만 아니라 건축술과 건축, 회화와 시, 음악과 연극을 발전시키기 위해 노력을 쏟았다. 그런데 여기에는 빠진 것이 있다. 이 시대에는 '인간은 만물의 척도' 라는 말을 슬로건처럼 내세웠고 사람이 무기력하게 신들의 장난에 농락되기만 하는 존재가 아니라 제 운명의 주인이라는 사상이 널리 전파되었다. 그렇다면 이 인간은 어떤 사람을 말하는 것일까? 페리클레스 시대에는 사회 전반에서 예술과 기술을 발전시키려는 노력이 진행되었고 그 결과 엄청난 성과를 거두었다. 그렇다면 인간을 개선하려는 노력은 어땠을까? 이런 일이 과연 가능하기나 할까? 만약 가능하다면 어떻게 하면 될까? 소크라테스가 보기에 이런 질문들을 제기한 사람은 아무도 없는 것 같았다. 그가 보기에 누군가는 반드시 제기했을 질문인데 말이다.

그토록 영리하고 사려 깊은 그리스인들이 나태했기 때문에 아무도 이런 의문을 품지 않았던 것이 아니다. 오히려 그 반대였다. 그리스인들은 항상 이런 의문을 품었다. 그런데 그들의 관심은 세상과 저 멀리 하늘에 있는 세상, 혹은 뭐가 되었든 저 멀리 하늘에 있는 존재에 집중되는 경향이 있었다. 그리스인들은 그 멀리 있는 세상을 우주cosmos라고 불렀다. 그들의 호기심은 그 우주가 어떻게 작용하고 원래 어떻게 창조되었는지에 쏠렸다. 다시 말해서 우주론cosmology과 우주진화론cosmogony이 이들의 호기심을 사로잡은 것이다. 소크라테스도 젊은 시절 그런 문제에 빠져들었다. 그 결과 소크라테스는 상당한 양의 지식, 혹은 나중에 깨달았지만 사이비 지식을 습득했다. 가령, 이오니아 지역의 동쪽에 위치한 밀레토스에는 현명한 탐구자들이 지식을 추구하고 있었다. 그런 현자들 가운데에는 소크라테스가 태어나기도 전인 기원전 580년부터 한 세기 이상을 풍미했던 탈레스와 그의 제자 아낙시만드로스와 아낙시만드로스의 제자였던 아낙시메네스가 있었다. 히브리인이 아니면 셈족이었던 탈레스는 훗날 아리스토텔레스가 자연과학의 창시자로 일컬은 인물이다. 그는 이집트인들의 토지측량법을 활용해 기하학을 창시했다. 할리스 전투 중에 일식이 일어날 것이라고(기원전 585년 5월 28일) 예측했다고도 전해진다. 그는 셈족이 축적해 놓은 지혜에서 정확한 지식만을 골라낼 줄 알았던 박식한 학자였으나 정작 그가 그런 사실에 입각해 추측한 내용은 엉뚱하기 짝이 없다. 가령, 그는 자석도 영혼이 있다고 믿었다. 지구가 물 위에 둥둥 떠 있다고도 했다.

아낙시만드로스는 최초로 우주에 대한 논문을 썼는데, 지금까지 일부가 남아 전해진다. 그는 우주가 태양과 달이 순환하는 것 같은 여러 법칙에 따라 작용하는 하나의 단위라고 추측했다. 그는 최초로 지구의 지도를 그린 사람이었다. 천체 관측을 위해 해시계의 바늘을 발명했다. 아낙시만드로스도 다윈처럼 인간과 동물은 진화한다고 생각했다. "지구가 물에 둥둥 떠 있다면 그 물은 무엇이 지탱하고 있는가?"라는 질문에 그는 이렇게 대답했다. "물은 모든 중앙에 있으면서 모든 사물로부터 동일한 거리만큼 떨어져 있으므로, 즉 긴장 속에서 지탱되고 있으므로 다른 것은 필요가 없다." 만물이 충돌과 긴장 속에 존재한다는 주장은 우주의 안정성을 설명하는 원칙이었다. 이 주장은 과학에서 사용된 연역적 추리의 최초의 예로 소개되곤 한다. 아낙시만드로스는 사물의 어마어마한 규모에 대해 인지하고 있었다. 그래서 '무제한'과 '무한대'라는 용어를 도입하기도 했다. 하지만 그의 제자였던 아낙시메네스는 지구가 물에 떠 있다는 설명을 반박하면서 물 대신 공기를 내세웠다. 공기의 밀도가 높아지면 불이나 바람이나 구름이 되고 응결할 수 있다는 것이다. 또 다른 동방의 학자인 에페소스의 헤라클레이토스는 긴장 이론을 확장시켜 이 이론으로 활과 리라가 작용하는 방식을 정확하게 설명할 수 있다고 주장했다. 이것은 당시 그리스의 철학자-과학자들이 얼마나 꼼꼼하게 관찰을 하고 이를 바탕으로 얼마나 영리하게 추론을 전개해 나가는지 잘 보여주는 예일 것이다. 헤라클레이토스에게 긴장 이론은 로고스 즉, 영원의 상징을 의미했다. 그것은 초월적인 지혜이며 기본적인 불이기도 했다. 그는 왕의 피를 물려받았으나 왕위를 형제에게 물려주었다. 그래서 로고스에 대한 『논문 Treatise』을 쓸 수 있었다. 그 내용을 잠시 살펴보자.

> 신은 밤과 낮, 겨울과 여름, 전쟁과 평화, 풍요로움과 기근, 즉, 사물을 지탱하는 상반되는 모든 것을 의미한다. 인간은 어리석은 피조물이므로 로고스나 법칙에 복종해야만 한다. …… 사람들은 방어벽인 그 법칙을 위해 싸워야 한다. 왜냐하면 인간의 모든 법칙은 신성에 의해 자라나는데, 그 신성은 하나이다.

헤라클레이토스는 또 이런 글도 남겼다. "갈등이 되는 정의가 그렇듯이, 전쟁은 일반적이고 자연스러운 상황으로, 만물이 갈등과 그러한 것에 따라 발생한다는 사실을 우리는 알아야 한다." 그가 남긴 말 중에 가장 유명한 말은 "같은 강물에 두 번 들어갈 수 없다."이다. 그나저나 이게 다 무슨 말인가? 헤라클레이토스는 당시에도 어두운 철학자라는 별명으로 불렸다. 소크라테스는 에우리피데스가 전해 준 이 철학자의 저술을 읽은 후 이렇게 말했다. "내가 이해한 부분은 대단해. 이해하지 못한 부분도 분명 훌륭할 거야. 하지만 그 바닥에 닿으려면 깊은 바다를 잠수할 사람이 필요할 걸세."

한편 지금의 이탈리아에 해당하는 지역에 살았으며 훗날 웨스터너 Westerners라고 알려진 그리스 철학자들도 있었다. 파르메니데스와 제논은 엘레아 지역에 살았기 때문에 엘레아 학파로 불렸다. 이들은 체계적으로 논쟁을 했다. 또한 현재도 학계에서 쓰이고 있는 중요한 추론을 처음으로 만들어 내기도 했다. 파르메니데스는 특히 철학적 도구를 만들어 연마했다. 또한 '존재하는 것'과 무에 대한 개념을 고찰했으며 모든 것은 6보격의 시로 표현했는데, 그런 시들이 상당수 남아 있다. 그는 소크라테스보다 50~60년가량 연상이었다. 데모크리토스는 소크라테스와 같은 시대를 살았는데, 우주가 그가 원자라고 이름을 붙인, 무한히 작아 구별조차 되지 않는 물질로 구성되어 있으며 이 원자들이 위치를 바꾸면 우리의 감각으로 인식할 수 있는 세상을 구성하는 눈에 보이는 화합물이 만들어진다는 이론을 주장했다. 그의 이론은 비록 부분적이기는 하지만 지금도 유효하다. 그의 이론을 살펴보면 초기 그리스인들이 진리와 긴장, 원자론을 규정하는 전형적인 방식을 따르고 있지만 한편으로는 우리가 보기에 어처구니없는 내용도 포함되어 있다. 가령, 데모크리토스는 영혼이 미세하고 둥근 원자로 이루어져 있으며 인체처럼 사라진다고 생각했다. 제논은 뛰어난 논객이었는데, 정당하게 말하자면 운동도 복수複數도 존재하지 않는다고 여겼다.

그리스인들은 추상적인 용어에서 구체적인 물질을 볼 줄 아는 재능이 있었다. 그런데 이들의 뛰어난 기하학 수준과 우주에 대한 복잡한 사상, 여러 업적을 이집트인들은 접할 길이 없었다. 심지어 히브리인들도 마찬가지였다. 그 이유는 그들에게 실험을 할 기기도 경험적 조사를 할 능력도 없었기 때문이었다. 그들은 관찰을 할 수는 있었지만 우연한 상황이 아니라면 실험을 하지 않았다. 피타고라스는 수의 개념을 체계적으로 연구하기 시작했다. 여러 성과를 거두었지만 그중에서도 10이라는 숫자 개념을 도입한 점은 빼놓을 수 없다. 결국 그의 업적은 과학에서 헤아릴 수 없을 만큼 중요한 의미를 지니게 되었다. 한편 소크라테스는 젊은 시절, 그가 훗날 과학 지식의 한계라고 말했던 것들을 탐구했지만 그 이상을 넘어갈 수가 없었다. 우주는 말이 없었다. 우주는 우리에게 자신의 모습을 보여줄 수는 있었지만 말을 걸어 주지는 않았다. 무엇보다 우주는 질문에 대답할 수 없었다.

그러므로 소크라테스는 외부 세계를 고민하는 것에 절대적으로 반대할 수밖에 없었다. 그는 위대한 질문의 대가였다. 그의 가장 깊은 내면에 자리한 본능은 질문을 던지는 것이었다. 그의 내면에서 맥동하는 충동에 따라 질문을 던지고 그에 대한 대답에서 새로운 질문의 틀을 잡았다. 소크라테스는 아마도 20대였을 이른 시기에 이미 외부 세계를 탐구해 봤자 적어도 자신에게는 아무런 이득이 없다고 생각했던 것 같다. 반면 인간의 내면세계는 그가 탐구할 수 있고 탐구하고 싶은 대상이었다. 그는 늘 아테네의 거리를 거닐고 광장을 얼쩡거리고, 변두리 공원이나 정원에서 운동을 하면서 무두장이와 금속세공업자, 장사꾼, 물장수, 행상인, 수레에서 물건 파는 사람들, 필경사(소크라테스가 살던 시대에는 전문적인 작가들이 작품을 쓴 두루마리를 막 팔기 시작한 때였다.), 환전상들처럼 그런 곳들에서 일하는 사람들의 모습을 세심히 관찰하는 것이 일이었다. 항구인 피레에푸스까지 걸어가거나 아테네의 근교를 거닐 때면, 선원들과 농부들과 말조련사들, 그리고 포도원, 올리브 숲, 낙농장에서 일하는 남녀 일꾼들을 유심히 관찰했다. 이 사람들은 너 나 할 것 없이 이야기를 나누고 있었고, 게다가 이야기를 나누는 것을 즐거워한다는 것을 소크라테스는 점차 깨달았다. 그래서 소크라테스는 그 사람들에게 질문을 던졌다. 그랬더니 그들은 대답을 해 주었다. 옆에 있던 이웃이나 동료들이 이야기에 끼어들었다. 소크라테스가 매력적인 인물이었다는 증거는 셀 수 없이 많다. 그는 온갖 종류와 계층의 사람들과 잘 어울렸다. 신분이 높고 낮음은 아무런 문제가 되지 않았다. 그는 농담을 했고 미소를 지었고 결코 화를 내지 않았다. 그는 늘 공손했다. 그는 사람들이 질문을 하도록 유도하고, 그 질문에 다시 질문으로 답했다. 그들은 그런 과정에서 스스로 중요한 존재라고 느꼈다. 그들이 느끼기에 소크라테스는 자신들의 질문을 무척 중요하게 여겼다.

이런 일을 할 수 있음을 깨닫자 그의 이성은 이것이 바로 그의 소명이라고 속삭였다. 내면의 목소리조차 그렇다고 확인해 주었다. 사람들은 이렇게 말했다. "소크라테스 당신은 사람들과 이야기하고 그들의 의견을 이끌어 내는 재능을 타고난 것 같아요. 그러니 공직에 출마해야 해요." 하지만 그의 내면의 목소리는 그런 제안을 거절하라고 했다. 내면의 목소리는 한 번도 그에게 무엇을 하라고 이르지 않았다. 하지만 무엇을 해서는 안 된다고 말할 때는, 그의 말에 따르면, 무척 단호했다. 정치에서 경력을 쌓는 일에 대해 몹시 강하게 반대를 했다. "내 목소리와 내 이성은 정치에 동의하지 않았다." 그는 이렇게 말했다. 소크라테스가 자신의 이론에 대해 남긴 말이 일부 전해지고 있다. "나는 신이 내게 철학을 하며 나와 타인을 살피며 살라고 하셨다고 믿는다." "신은 점과 꿈을 비롯해 신성한 질서가 사람들에게 무언가를 하라고 이를 때 사용하는 모든 수단으로 내게 철학을 하며 살라고 계시를 내리셨다." 자연과학에 대해서는 "내가 함께 할 만한 것이 없다."고 했다. 하지만 철학은 이성의 극장이었다. "나는 내 이성으로 따져 보았을 때 최선으로 보이는 명제가 아니라면 어떤 말에도 설득되지 않는 사람이다."

아테네에서 철학을 실천한 사람은 소크라테스가 처음도 마지막도 아니었다. 그가 아니더라도 그런 사람들은 많았다. 당시 아테네에는 지적인 가르침을 업으로 하는 사람들이 잔뜩 있었다. 아테네 출신도 있었고 마그나 그라에키아(이탈리아 남부에 있던 고대 그리스의 식민 도시군—옮긴이) 전역에서 이주해 와 아테네에 정착한 사람들도 있었다. 이들이 아테네에 뿌리를 내린 이유는 이곳이 더 부유하고, 자신들을 고용할 수 있는 부유하거나 지체 높은 가문의 젊은이들이 더 많았기 때문이었다. 이런 선생들을 소피스트라고 불렀다. 그들은 수업료를 비싸게 받았기 때문에 곧 부자가 되었다. 그들은 다양한 기술을 가르쳤는데 주로 가르친 것은 수사학 혹은 설득의 기술이었다. 이런 기술은 당연히 법정이나 회의나 민회에서 매우 유용했다. 소피스트들 가운데에는 남들보다 더 고매한 사람들도 있었다. 그러나 전반적으로 이들은 인기가 없었다. 기원전 5세기가 끝나갈 무렵 아테네의 상황은 전반적으로 좋지 않았다. 그러자 사람들은 소피스트들이 경박한 젊은이들을 꼬드겨 공직에 나가게 하고 이들에게 추종자들을 끌어들여 아테네를 위험하게 만들 수 있는 기술을 가르쳤다고 비난하기에 이르렀다. 아리스토파네스는 소크라테스를 알기 전에 다른 사람들처럼 그도 소피스트들 가운데 한 명이라고 생각했을 때 희곡 『구름』에서 이들에게 공격을 퍼부었다. 하지만 소크라테스를 아는 사람들은, 특히 그와 논쟁을 벌였던 사람들은 어떤 점에서도 그가 소피스트라고 생각하지 않았다. 그렇게 확신할 수 있었던 이유는 무엇보다 소크라테스는 수업료를 요구하지 않았기 때문이다. 게다가 그는 그 누구에게 그 무엇도 가르친 적이 없었으며 "평생 단 한 차례도 공개 강의를 하지 않았다." 그가 말해야만 했던 것은 모두 공짜였다. 하지만 어떤 경우든 대부분의 시간에 그가 한 일이라고는 질문을 던지는 것이 다였으므로 간단하게 그를 가정교사나 교사로 칭할 수 없었다. 게다가 그가 절대로 입에 담기 싫었던 것은 소피스트들이 세상을 사는 지혜라고 가르치는 기본적인 장사밑천, 즉 '출세하는' 방법이었다. 그가 가르친 것은, 물론 그는 남을 가르친다고 의식하지 않았겠지만, 바로 선이었다. 플라톤으로부터 소크라테스의 가르침을 들어 모두 알고 있었던 아리스토텔레스는 이렇게 썼다. "소크라테스는 윤리학에 빠져 있었다. 그러므로 전반적인 자연을 다루지 않았다."

소크라테스는 상류층 자제들에게 민회에서 군림하거나 아테네의 유권자들을 설득해 자신들이 스트라테고스로 뽑힐 수 있는 방법을 가르치기는커녕 어느 계층의 사람을 만나든 무슨 일을 하는 사람을 만나든 이렇게 말했다. "나는 보편주의자입니다." 보편주의자라는 말은 당시 막 일반에 회자되기 시작한 용어였다. 키케로는 플라톤의 저작은 물론 지금은 사라지고 없는 많은 글을 읽은 후 누구보다 훌륭하게 소크라테스라는 사람을 묘사했다. "소크라테스는 '철학'을 하늘에서 불러 내리고, 이 땅에 자리 잡게 하고, 사람들의 집마다 소개를 시켜 주고, 일상생활과 윤리학, 선과 악을 탐구하게 만든 '최초의 인물'이었다." 이 말에 플루타르코스는 이렇게 덧붙였다. "소크라테스는 언제 어디에 살든, 어떤 종류의 사람들과 살든, 어떤 경험과 활동을 하며 살든, 살면서 철학을 할 수 있다는 사실을 몸소 보여준 최초의 인물이었다." 물론 소크라테스가 유명세를 얻자 부유한 젊은이들이 가르침을 얻고자 그에게 모여들었다. 그는 토론회나 저녁 만찬에 초대되었는데, 그런 자리에는 분명히 부유한 사람들도 참석했을 것이다. 소크라테스가 죽기 십 수 년 전부터 이 현자와 교류했던 플라톤은 스승이 신통찮은 유명 인사였고 부유한 집안에서 많이 찾았을 때 이런 측면과 시기를 유난히 강조하는 경향이 있다. 보스웰이 존슨 박사의 유명세에 대해 그랬던 것처럼 말이다. 부모 모두 귀족 출신이었던 플라톤이 소크라테스처럼 민주적으로 타협하고 특정 계급에 속하지 않으려는 정신에 동조하지 않았다는 점을 잊지 말아야 한다. 소크라테스가 에피루스에서 만난 배의 선장들이나 교외의 채소 재배자들, 아테네의 공방에서 검과 방패를 만드는 장인들과 논쟁을 벌이는 장면을 상상해 보는 것이 중요하다.

소크라테스는 평생 아테네 이곳저곳을 다니며 사람들과 이야기를 나누었다. 그럴 때면 그는 주로 질문을 던졌다. 언제나 기술이 필요한 일과 직업에 관심을 가졌으며 어떤 식으로 일을 하는지 궁금해 했다.

특히 과거나 지금이나 영업 비밀이라고 부르는 것에 관심이 많았다. 그의 질문은 언제나 남자나 여자의 의무에서 시작되었을 것이다. 그렇게 시작된 질문은 서서히 신념과 도덕관, 의견과 관련한 문제들을 파고들며 심화되었을 것이다. 존슨 박사처럼 소크라테스도 전문가들이 작업을 하는 과정에 지대한 관심을 품었다. 그는 특히 손재주에 매료되었다. 존슨 박사처럼 소크라테스도 제품과 제작 과정에 대해 상당한 분량의 정보를 모아들였다. 우리는 이런 정보를 지식이라고 부를 것이다. 그런데 소크라테스는 달랐다. 그가 생각하는 '지식'은 지혜나 통찰력을 의미했다. 그래서 그는 언제나 자신은 지식이 전혀 없다고 말했다. 그가 느끼기에 진정으로 중요한 문제에 대해서는 아무것도 모르는 것 같았다. 그의 친구인 카에레폰이 델포이의 신전을 찾아 소크라테스보다 더 현명한 사람이 이 세상에 있는지 신탁을 구하자 이런 대답을 받았다. "아무도 없다." 이 말을 전해 들은 소크라테스는 으쓱해하기보다 어리둥절해 했다. 마침내 소크라테스는 자신이 아무것도 모른다는 사실을 안다는 점에서 지혜롭다는 것이 신탁의 참뜻이라는 결론을 내렸다. 소피스트들을 비롯해 다른 이들은 그만한 지혜가 없었지만 그런 사실을 인정하려 들지 않았다. 신탁을 들은 후 소크라테스는 자신의 탐구를 더 연장하고 확장하는 데 박차를 가했다. 그래서 좀 더 진지하고 체계적으로 지식을 탐구하기 시작했다. 플라톤의 『테아이테토스』를 보면 소크라테스는 자신을 산파에 비유한다. 분명히 어머니의 일에서 착안했을 것이다. 그는 지혜를 가르칠 수 없다. 왜냐하면 그가 지혜를 알지 못하기 때문이다. 그러므로 그가 새로운 지혜를 만들어 낼 수 있는 가능성은 아이를 낳을 가능성보다 낮다. 하지만 남자든 여자든 누구라도 지혜를 품고 있다면 소크라테스는 질문을 던져서 머리와 가슴에 품고 있는 진리를 밖으로 토해 내도록 도울 수 있으리라 여겼다.

플라톤은 이런 질문법을 변증법dialectic이라고 불렀다. 게다가 그 방법을 좀 더 다듬고 발전시켰다. 일상적인 용어는 '논증elenchus'으로, 법정 변호사가 법정에서 질문을 통해 증언을 꺼리거나 더 흔하게는 아는 줄도 몰랐던 정보를 이끌어 내는 과정을 뜻하는 단어이다. 소크라테스가 이런 과정에 접근하는 방법은 반어법이었는데, 그가 고안해 냈거나 적어도 확실하게 대중화시킨 방법이었다. 반어irony는 정의를 내리기 가장 어려운 용어 가운데 하나이다. 하지만 그 개념은 선진화된 문명을 측정하는 척도나 다름이 없다. 기원전 5세기 중엽 아테네에서 가장 유명한 인물 중 한 명이 이 방법을 습관적으로 썼다는 사실을 보면 당시 그리스가 얼마나 세련되고 섬세한 문화를 이룩했는지 알 수 있다. 옥스퍼드영어사전에는 '반어'가 "의도한 뜻과 사용한 단어로 표현한 내용이 반대되는 비유법, 주로 칭찬으로 비난이나 경멸을 암시하는 풍자나 비꼬는 화법"이라고 뜻풀이를 하고 있다. 이 정도면 괜찮은 뜻풀이이기는 하지만 솔직히 존슨 박사의 『사전Dictionary』에 제시된 것에 비하면 명확성과 간결함이 더 떨어진다. "의미와 표현이 반대되는 표현 양식." 존슨 박사는 1세기에 활동했던 로마의 유명한 수사학 교사였던 퀸틸리아누스의 뜻풀이를 따랐다. 퀸틸리아누스는 반어를 "발화된 내용과 이해된 내용이 반대되게 표현하는 비유법"이라고 설명했다. 퀸틸리아누스가 반어법의 거장이라고 언급한 사람은 소크라테스가 유일했다. 매콜리(영국의 문호이자 정치가—옮긴이)는 베이컨에 대한 에세이에서 반어적 화법을 직접 듣고 싶으면 런던에서 길이 막힐 때 사람들이 주고받는 욕설에 귀를 기울이라고 썼다. "어떤 짐마차꾼이 잔뜩 화가 나서는 이렇게 소리친다. '에라이, 이 귀여운 녀석아.' 반어법을 쓰면서도 그런 줄도 모른 채 말이다." 반어법에서 가장 놀라운 점은 교육을 받지 못한 사람들이 부지불식간에 본능적으로 반어법을 활용한다는 사실이다. 그런데 애석하게도 사람들이 자기도 모르게 반어법을 구사한다고 해서 남이 쓴 반어법을 잘 알아듣는 것은 아니다. 급진적인 정치가였던 위대한 아뉴린 베번(웨일스 태생인 영국 노동당의 좌파 지도자—옮긴이)이 한번은 내게 이런 말을 했다. "정치에서는 절대 반어법을 쓰지 말게. 나는 반어법으로 말을 할 때마다 말썽이 일어나더군. 청중들은 대부분 곧이곧대로 이해하거든. 자네가 쓴 반어법이 아무리 강렬해도, 그래서 자네에게는 너무나 명확하게 이해가 되어도 결과는 달라지지 않아. 그 사람들에게까지 명확한 게 아니거든."

소크라테스가 이 경고를 잘 따랐다면 좋았을 것이다. 왜냐하면 반어법은 그가 최후에 고발을 받아 자신을 변론할 때 사용한 중요한 요소였기 때문이다. 하지만 그는 이런 경고를 들었다고 해도 주의를 기울이지 않았을 것이다. 반어법은 공개적인 자리에서든 사적으로든 그를 구성하는 지적인 부분에서 불가분의 위치를 차지하고 있었다. 그는 반어법을 쓰지 않으면 제대로 표현을 하지 못하는 경우가 종종 있었다. 그래서 노상 이런 식으로 말하곤 했다. "나는 무지한 사람이다. 아는 게 아무것도 없다. 그래서 늘 질문을 하는 것이다." 대화 상대가 똑똑한 젊은 귀족이든 아테네의 노동자든 이런 전술 앞에서는 무장해제가 되었다. 이들은 소크라테스의 말에서 반어의 흔적을 감지했지만 어느 정도인지는 몰랐다. 게다가 언제나 그것을 칭찬으로 받아들였다. 그에게 마음을 열게 하는 확실한 방법이었다. 하지만 그런 전술이 통하는 사람이 있는 반면 그렇지 않은 사람도 있었다. 그런 사람들이 소크라테스를 액면 그대로 받아들였기 때문이 아니었다. 오히려 이들은 소크라테스가 교묘하게 사람의 마음을 홀린다고 여겼다. 반어법이 저급하게 교활한 수법이라는 것이다. 자신도 반어법을 사용했던 아리스토파네스가 두 사람이 만나기 전에 쓴 『구름』에서 소크라테스가 게임을 시작했다는 사실을 의식하지 못한 채 거짓말을 할 때만 반어법을 사용하는 소크라테스를 등장시킨다는 사실은 흥미롭다. 플라톤은 『국가론』에서 소크라테스가 소피스트인 트라시마코스로부터 "습관적으로 허풍을 친다."며 심한 공격을 받는 모습을 기록했다. 이 소피스트는 소크라테스가 교활하게 반어법으로 진짜 무식하거나 당황했다는 사실을 감추고 급소를 찌르는 정확한 질문에 제대로 된 대답을 할 수 없다는 사실을 숨겼다고 여겼다. 때로 반어법은 거짓 겸손이라는 비난도 받았다. 플라톤의 대화편 『고르기아스Gorgias』에는 칼리클레스와 이런 이야기를 나눈 장면이 나온다. 소크라테스: "당신이 말씀하신 '더 나은'이 '더 강한'이라는 뜻이 아니라면 무슨 뜻인지 다시 한 번 설명해 주십시오. 이번에는 좀 더 상냥하게 가르쳐 주십시오. 그래야 당신의 학교에서 도망치지 않고 배울 수 있지 않겠습니까." 칼리클레스: "지금 나를 조롱하는군."

소크라테스의 반어적 어조가 당황스럽기만 한 사람들도 있었다. 다른 이유가 아니라 어느 모로 보나 가벼운 태도였기 때문이다. 그럴 때는 상당히 직설적인 농담과 장난도 곁들였다. 알키비아데스는 소크라테스를 "끝없이 비꼬고 농담을 한다."고 했다. 탁월한 관찰이지만 오해를 한 면도 없지 않다. 소크라테스는 페리클레스의 아테네에 또 한 가지 결여된 요소가 있는데, 그것이 바로 유머 감각이라고 생각한 것 같다. 아니면 3대 비극작가의 비극과 아리스토파네스(와 다른 작가들)의 희극이 인간이 겪는 곤경의 양면을 보여주기는 했지만 그 차이는 디오니소스의 연극에서 단장이 청중에게 "오늘은 여러분을 울게 해 드리겠습니다."라거나 "오늘은 배꼽이 빠지도록 웃겨 드리겠습니다."라고 말하는 것처럼 너무 형식적이고 추상적이라고 생각했을지도 모른다. 소크라테스는 이 상황에서 필요한 것은 그가 가지고 있었던, 진지한 태도에서 능숙하고 거의 표가 나지 않게 웃음으로 넘어갔다가 다시 진지한 태도로 되돌아오는 능력이라고 보았다. 이것이 세련된 교감의 핵심이라고 생각한 것이다.

소크라테스가 유머를 활용하는 모습은 제인 오스틴의 작품 『오만과 편견Pride and Prejudice』에 등장하는 엘리자베스 베넷의 모습에 잘 나타나 있다. "나는 현명하거나 선한 것을 조롱하지 않기를 바란다. 하지만 어리석고 터무니없는 짓거리, 변덕스럽고 모순된 행동을 보면 확변해서 비웃을 수 있을 때마다 맘껏 비웃어 준다." 소크라테스도 이와 거의 흡사한 말을 했다. "나는 신성한 대상에 절대 농담을 하지 않는다." 하지만 "영원히 살 수 없는 이 세상"은 만만한 상대였다. 그는 기어를 요란하게 변환하지 않고도 이쪽저쪽으로 자유롭게 오고 갈 수 있었다. 소크라테스의 방법을 가장 확실하게 이해하고 평가하려면 무엇보다 지금까지 남아 있는 기록들을 읽으면 된다. 특히 플라톤이 기록한 소크라테스의 대화들이 도움이 된다. 하지만 그 기록을 읽는 것만으로는 듣기 좋은 소크라테스의 육성을 듣는 기쁨을 누릴 수 없다. 그의 목소리는 분명 공손함과 인내심, 감성, 차분함이 조화를 이룬 정수였을 것이다. 하지만 남아 있는 기록을 읽어도 그의 지성이 어떻게 작용을 했는지, 다시 말해서 융통성 있는 가벼운 태도와 고도의 진지함을 어떻게 결합시켰는지를 어느 정도는 엿볼 수 있다.

소크라테스는 말을 중시했다. 자신의 생각을 주입하기 위해 무엇보다 말을 주의 깊게 사용해야 했다. 그는 어떤 주제를 잡기를 좋아했다. 사랑이나 동정, 우정, 이성 같은 것들 말이다. 그런 후에 상대에게 이런 주제의 정의를 내려 보라고 했다. 가령 『라케스』에서는 용기를 논했다. 라케스는 쉬운 질문이라고 생각했다. "자신의 위치를 지키고 적이 쳐들어와도 도망치지 않고 자신을 지킬 수 있는 사람이라면 용감한 사람이겠죠." 소크라테스는 그렇다고 하면서 다음에는 이렇게 물었다. "스키타이인들은 어떻습니까? 그 사람들은 추격할 때만큼 도망칠 때도 격렬하게 싸우지 않습니까?" "그렇죠. 하지만 그건 기병들이죠. 나는 그리스의 병기부대를 말하는 겁니다. 그들은 방금 대답했다시피 용감하지요." "스파르타인들을 제외해야겠죠. 플라타이아이 전투에서 그들은 남아서 싸우지 않고 도주를 했지요. 그 후에 페르시아인들의 대열이 흐트러지자 그들은 다시 결집해 기병들처럼 싸웠고 결국 전투를 이겼죠." "그랬죠." 그러자 소크라테스가 말했다. "제가 질문을 정확하게 하지 않았기 때문에 대답을 정확하게 하지 않으셨겠지요. 제가 좀 더 광범위한 의미로 질문을 해야 했습니다. 전투 중의 병사만 아니라 바다에서 폭풍우를 만난 선원들과 병고와 가난, 정치, 여러 고통이나 두려움에 맞서 불굴의 의지를 보여주는 사람들까지 포함해서 말입니다. 라케스, 이들도 확실히 자신의 분야에서 용감하지 않습니까?" "그렇소." "그렇다면 다시 한 번 말씀해 주시죠. 이 모든 경우에서 똑같은 용기란 과연 무엇입니까?" 대화는 이런 식으로 이어졌다. 소크라테스는 그를 도와 달리기를 잘하는 민족 공통의 신속함과 하프를 켜는 것, 말하는 것, 배우는 것의 정의를 내렸다. 라케스는 결국 용기의 정의를 "영혼이 인내하는 것"이라고 결론을 내렸다. 하지만 소크라테스와 라케스는 모든 종류의 인내에 용기가 개입하는 것은 아니라는 데 의견을 같이했다. 소크라테스에게 자극을 받은 라케스는 신중하고, 존경할 만하고, 선한 면과 결합한 인내는 "용기의 한 가지 형태가 될 수 있다. 하지만 용기가 어리석음과 결합하면 어떨까? 이 경우 해롭고 사악한 결과를 초래하지 않을까? 그렇다면 아무리 존경할 만해 보이는 용기라도 어리석음과 공존할 수 있지 않을까? 이것이 당신이 말하는, 오로지 신중한 용기만이 존경을 받을 수 있다는 것 아닌가?"라고 반문한다. 두 사람의 대화는 용기에서 시작해 어느새 의학과 폐의 염증 치료로 넘어가고, 전투를 할 시기를 결정하는 병력의 규모, 기갑부대에서 말에 대해 전문가인 부대원과 그렇지 않은 부대원 간의 상대적인 용맹성 비교, 대담함의 장단점으로 이어졌다. 또한 논쟁을 요하는 용맹함의 종류도 논하는데 이런 식이었다. 소크라테스는 니키아스를 끌어들이는데, 니키아스는 용맹함을 "전쟁은 물론 그 밖의 모든 상황에서 느끼는 두려움과 대담함에 관한 학문"이라고 정의를 내린다. 라케스는 이렇게 대꾸했다. "무슨 그런 말도 안 되는 소리가 있소. …… 그는 경솔하군." 그러자 소크라테스가 말하기를 "그렇다면 그에게 가르쳐 줍시다. 단 욕은 하지 말고요." 이런 대화를 나눈 후 그들은 다시 의학 이야기로 돌아가 농업과 죽음의 두려움, 예언 등 다양한 문제를 논한다. 토론은 구체적인 결론도 내리지 않고 서로를 향한 적의도 없이 끝나고 사람들은 이튿날 아침 다시 만날 약속을 한다.

『라케스』는 전형적인 초기 대화편으로, 플라톤이 아닌 소크라테스가 전체 대화를 이끌어 가고 생기를 불어넣고 있다. 이 대화편을 압축하고 요약하려면 전체적인 대화를 제대로 이해해야 하는데, 그게 여간 힘들지 않다. 다시 말해서, 대화를 가독성과 이해도를 높일 수 있게 서술해야 하는데, 이 대화가 짧게는 몇 시간, 길게는 며칠 동안 이어졌을 수도 있다. 그러다 보면 내용을 혼동할 수도 있고 이야기가 매끄럽게 이어지지 않거나 뜬금없는 소리가 나올 수도 있다. 때로는 요점도 없는 헛소리일 수도 있다. 무엇보다 대화는 내용을 기록하는 장치도 사람도 없는 상황에서 진행되었다. 그러므로 플라톤이 대화의 상당부분을 잘라 냈고 내용을 합리화해 버리고 명확하고 날카롭게 다듬었으리라는 점을 감안해야 한다. 물론 이 과정에서 소크라테스의 말도 편집을 당했을 것이다. 그럼에도 불구하고 초기 대화론에서 소크라테스는 여전히 주요 등장인물이며 대화를 이어가는 의도를 명확하게 이해할 수 있다는 점은 놀랍기 그지없다. 플라톤은 위대한 예술가였다. 게다가 그의 경력에서 이 시기는 여전히 신뢰성을 얻기 위해 노력하는 예술가였다.

그렇다면 소크라테스의 목적은 무엇이었을까? 목적을 논하기 전에 짚고 넘어갈 문제가 있다. 그가 살았던 시절과 그 이후는 물론 아마 앞으로도 철학자들은 근본적으로 두 부류로 나눌 수 있을 것이다. 먼저 '무엇'을 생각할지 알려 주는 부류가 있다. 나머지는 '어떻게' 생각할 것인가를 알려 준다. 소크라테스는 확실히 후자에 속했다. (이미 살펴보았고 앞으로도 보겠지만) 그에게도 의견이 있기는 했지만 말이다. 소크라테스는 사상보다 사람에 더 관심이 많았다. 사람들이 어떻게 생각하는지, 더 명확하고 유용하게 사고하기 위해 자극을 받을 수도 있는지 몹시 궁금해 했다. 그가 논하고 싶은 주제에 대해 반문을 하는 기술은 때때로 그의 의도를 보여준다. 그는 특히 정의와 우정, 용기, 전반적인 덕목처럼 그가 다루는 굵직굵직한 주제들을 비롯해 거의 모든 주제에 대해서 자신이 받은 의견이 거의 항상 오류가 있거나 때로는 완전히 틀렸다는 사실을 보여주려 했다. 그는 일단 간단한 질문을 던져 평범한 대답을 이끌어 낸다. 그런 후에는 광범위한 직업군과 인류와 자연의 역사, 문학에서 비롯되는 온갖 질문을 이용해서 평범한 대답은 질문에 내포되어 있는 예외적인 상황에는 전혀 들어맞지 않을 뿐만 아니라 가장 고차원적 수준에서 이루어진 논리적 분석이나 저차원적인 수준에서 본 상식에도 모순된다는 사실을 증명했다. 소크라테스는 언제나 명백한 것을 의심했다. 그래서 명백한 것은 거의 항상 진실이 아니며 진실은 매우 드물게 명백한 것이라는 점을 입증해 보였다. 이 과정에서 보여준 방식은 토론의 본질이었는데, 토론에 역동성과 열정을 더했다. 이런 토론의 목적은 결론을 이끌어 내는 것이 아니다. 오히려 토론을 통해 사고하는 방식을 가르치고 적어도 스스로 생각하는 법을 일깨우는 것이 목적이다.

그러므로 대화를 나누는 시간마다 교훈이 녹아 있었다. 그리고 여기에는 여러 주제에 대해 소크라테스가 상대자를 조종하고, 달래고, 잔소리하고, 윽박질러 인도하지 않으며 그 상대자인 젊은이도 (혹은 다른 사람들도) 소크라테스와 똑같이 대화에 임할 때 교훈을 얻을 수 있다는 암묵적인 약속이 자리 잡고 있었다. 소크라테스에게서 특히 자유로운 면모이자 기원전 5세기는 물론 오늘날에도 유효한 것은 '정답'이 아니라 정답이 존재한다는 사상 자체에 적대적이었다는 사실이다. 그가 모든 종류의 관료적인 서식 채우기와 모든 수준의 교육 제도에서 필기시험이 증가하는 현대적인 제도를 봤다면 분명히 반기를 들었을 것이다. 이런 제도는 사람들에게 질문에 대한 '나름대로의' 답이 아니라 여러 답안지 가운데 '정답'을 고르는 것만 시험하기 때문이다. 이렇듯 개인의 독자적인 사고를 부정하는 태도는 그가 평생을 들여 거부했던 사고방식에 다름 아니었다. 물론 사람들, 특히 젊은이를 (종종 유력 가문의 자제들을) 스스로 생각하도록 가르침으로써 소크라테스는 위험천만한 길을 걷게 되었다. (대부분의 기간 동안) 아테네는 민주주의 사회였고 자유롭고 분명히 편견이 없는 곳이었다. 하지만 아테네의 제도는 만장일치에 기반을 두었으며 어느 정도는 불안정했다. 특히 만장일치에 이르지 못하는 경우가 문제였다. 민회가 말솜씨에 휘둘리는 것은 또 다른 문제였다. 그런 상황조차 용인할 수 있었다. 하지만 시민 각자가 스스로 생각한다면, 남에게 전수받은 지혜를 불신하고 심지어 문제의 정확한 해결책마저 부정하라고 배운다면 만장일치에 특히, 올바른 만장일치에 도달하기는 불가능한 것은 아니었지만 몹시 어려워질 것이었다. 아마도 이런 식의 논의는 젊은 층에 대한 소크라테스의 활동을 비난하고 위기의 시기에 그를 고발해 기소하고 사형을 내리는 과정에서 중요한 역할을 한 논거였을 것이다.

이 문제는 나중에 다시 살펴보고 지금은 이 점에 주목하자. 플라톤이 진실하고, 현실적이고, 역사적인 소크라테스의 모습을 그리고 그의 말을 정확하게 옮겼던 초기 대화편에도 플라톤의 심중에는 소크라테스의 방식으로 영리하지만 아직은 지적으로 독립하지 못한 젊은이를 가르칠 때 위험할 수 있다는 생각이 자리 잡고 있었다는 사실이다. 아마 소크라테스의 이야기를 듣거나 처음 기록했을 때부터 플라톤의 마음속에는 수호자들의 강력한 합의가 경박하고 충동적인 사고를 막아주기 때문에 위에서 언급한 위협 요소에 면역을 갖춘 이상적인 국가, 『국가론』에 대한 구상이 스멀스멀 피어올랐을지도 모른다.

소크라테스라면 플라톤이 실현시키고 싶었던 공화정을 혐오하고 절대 인정하지 않았을 것이다. 실제로 두 사람은 거의 모든 면에서 너무나 달랐다. 그 두 사람이 만나 한 사람은 진정한 철학의 시초를 확립하고 한 사람은 그 모습을 기록했다는 사실은 역사의 놀라운 패러독스 가운데 하나이다. 어린 시절 플라톤은 소크라테스를 영웅으로 숭배했다. 성인이 되어서는 스승을 거부했다. 물론 부주의한 독자에게는 그렇게 보이지 않거나 플라톤도 자신이 무슨 짓을 하는지 몰랐을 것이다. 우선 소크라테스는 보수적인 급진주의자인 반면 플라톤은 급진적인 보수주의자였다. 소크라테스는 어떤 사상에도 마음을 열었다. 그래서 마음속에서 온갖 아이디어가 난무하는 토대가 되는 논리적 증거라는 여러 장애물을 가뿐히 뛰어넘을 수 있었다. 그는 신과 영웅은 물론 대중이 아끼는 인물들에 대한 오랜 관습을 존중했다는 점에서 보수주의자였다. 실체가 없는 신화를 파괴하려는 어리석은 소망으로 일반인들에게 본질적인 진실에 대한 흥미를 잃게 만들고 싶지 않았기 때문이다. 소크라테스가 보수적인 급진주의자였던 것은 온건하고, 상냥하고, 민감하고, 너그러운 사람이었기 때문이었다. 반면 플라톤은 평범한 사람들의 경험적인 지혜에서 기인한 자연스럽고 보수적인 본능을 구체적인 이데올로기로 바꾸고 싶었다. 그 이데올로기는 필연적으로 인본적인 전통주의에서 절대론자의 도그마로 이행할 수밖에 없었다. 칼 포퍼가 자신의 저서 『열린 사회와 그 적들The Open Society and Its Enemies』에서 플라톤을 20세기에 등장한 독재국가들의 절대적인 창시자로 본 것은 전혀 놀랍지 않다. 물론 이런 주장은 심각한 반대에 처할

여지가 있지만 말이다. 소크라테스가 『국가론』을 읽고 20세기 내내 미칠 영향을 평가할 수 있었다면 분명히 포퍼보다 더 가혹하게 비난을 했을 것이라고 생각한다.

소크라테스와 플라톤 사이에 드넓은 간극이 있었다는 것은 철학의 역사상 가장 명백한 사실의 하나이다. 플라톤의 일생에서 정확히 언제 그 간극이 발생했는지, 어떤 대화가 소크라테스 혹은 주로 소크라테스의 것인지 아니면 플라톤 혹은 주로 플라톤의 것인지에 대해서는 지난 몇 세대 동안 학자들이 논란을 벌여 왔다. 나는 소크라테스와 플라톤적인 사고방식 사이의 일반적인 차이를 만드는 개괄적인 접근법을 더 선호한다. 그러므로 대화편을 공부해서 직접 마음에 드는 것을 정하라고 충고하고 싶다. 아마도 이런 것이 소크라테스적 접근법이 아닐까 한다.

음, 그렇다면 정리해 보자. 소크라테스는 분별력이 있고, 실용적이고, 현실적인 사람이었다. 완벽함이 아니라 유용성에 더 관심을 가졌으며 인간의 본성이 무한할 정도로 다양하다는 생각을 받아들일 정도로 융통성도 있었다. 그는 시인은 아니었지만 말로 하는 산문의 대가였다. 반면 플라톤은 시인이었다. 그런데 처절할 정도로 형편없는 시인이었다. 그는 선지적이고, 신비주의적이고, 초월적인 면모들을 조금씩 갖고 있었다. 그는 영혼의 환생을 믿었다. 그는 영혼이 고유한 지식의 저장소로, 재발견될 수 있다고 믿었다. 그는 개별적인 것에 대한 반대 개념으로 초월적인 형태가 있다고 믿었다. 반면 소크라테스는 이런 개념들을 전혀 믿지 않았다.

그레고리 블라스토스는 내가 개인적으로 이 주제에 대해 최고의 책으로 꼽는 『소크라테스: 역설주의자와 도덕적 철학자Socrates: Ironist and Moral Philosopher』(케임브리지, 1997년 재판)를 쓴 위대한 소크라테스 연구자이다. 그는 진짜 소크라테스와 플라톤의 저술에서 자주 등장하는 허위로 창조된 소크라테스를 구별하는 방법 10가지를 제시했다. 첫째, 소크라테스는 유일한 도덕적 철학자이다. 둘째, 소크라테스는 '형상'이나 '지식의 집합' 따위를 전혀 믿지 않았다. 셋째, 소크라테스는 자신이 아무런 지식/지혜가 없다고 주장하며 절충적으로 그것을 추구하기를 멈추지 않았다. 넷째, 소크라테스는 영혼과 관련해 이것이 복잡하고 합리성과 열정, 욕망으로 구성되었다는 개념이 없었다. 그는 기독교도들처럼 영혼이 불멸하고 단일하다고 믿었다. 다섯째, 소크라테스는 수학에 관심이 없었다. 예외라면 내륙 측량처럼 명백하게 중요한 분야였다. 아무튼 그는 과학적인 전문지식은 전혀 없었고 이런 지식을 쌓으려고도 하지 않았다. 여섯째, 철학에 대해 그는 대중에 영합하는 주의였다. 일곱째, 그는 엄밀히 말해 정치적 이론이 없었다. 그는 아테네를 운영하고 일을 처리하는 방식에 대해 종종 비판을 가했다. 하지만 다른 도시국가와 그곳의 법률에 비해 아테네와 그곳의 법률을 선호했다. 여덟째, 그는 피상적인 차원을 제외한 동성애를 거부했다.

아홉째, 소크라테스는 독실함을 엄격하게 윤리적인 신에 대한 봉사로 여겼다. 그래서 개인적인 종교는 행동으로 보여줄 수 있는 실용적인 종교였다. 마지막으로 소크라테스의 철학적 방법은 일단 대화상대가 명제를 내도록 유도한 후 그 명제를 반박해 진리를 추구하는 것이었다. 그는 절대로 이런 전략을 포기하지 않았다. 그런데 이런 전략을 버릴 때 보면 그 사람은 소크라테스가 아니라 플라톤과 소크라테스가 결합된 인물 같았다. 나는 이런 상태를 플라트소크라고 부른다.

한편 소크라테스가 실제로 무슨 생각을 했는지 궁금한 사람이라면, 소크라테스가 대화를 하는 도중이나 플라톤의 다른 저술에서 플라트소크로 서서히 대체된다거나 복화술 인형 같다는 사실 때문에 전체 대화편을 읽지 않고 멀리해서는 안 된다. 여러 부분에서 소크라테스와 플라톤은 분리할 수 없을 만큼 뒤섞여 있는 것이 사실이다. 이를테면, 시칠리아의 레온티니 출신의 유명한 소피스트의 이름을 딴 대화편 『고르기아스』에서 소크라테스는 고르기아스에게 그의 전문 과목인 수사학의 정의를 내려 보라고 한다. 고르기아스는 훈련을 잘 받은 수사학자나 변호사라면 법이든 정치에서든 아무리 엉성한 사건도 뒷받침할 수 있는 설득력 있는 논거를 제시할 수 있다고 주장해 악명을 얻은 인물이었다. 그는 제자들에게 짧게, 거의 대칭에 가까운 구로 말하라고 가르쳤다. 그래서 맥동하는 리듬처럼 테제와 안티테제의 균형을 맞추라고 말이다. 또한 언어유희를 하고 변론을 하는 동안 울림이 들리도록 하라고 가르쳤다. 다시 말해서 그는 연설을 연설처럼 보이게 만들었을 뿐 때로는 그의 연설은 일종의 노랫가락처럼 들렸다. 그는 이런 기술에 큰 자부심을 느꼈다. 오늘날 큰 성공을 거머쥔 천재적인 광고인이라고 하면 연상되는 스타일과 오만함이 느껴지는 인물이었다. 그는 소크라테스의 질문에 이렇게 대답했다. 수사학은 인간의 핵심적인 활동 가운데 하나인데, 대중의 지도자나 정치가가 거둔 성공의 본질은 사람들이 어떤 일을 이룰 수 있을지 아는 것이 아니라 사람들에게 어떤 일을 하도록 설득하는 것에 있기 때문이다. 설령 명백히 부당한 일이라도 사람들을 설득해 이를 하게 만드는 재능을 지녔다면 일류 웅변가라 말할 수 있다. 이렇게 고르기아스가 물러나자 제자인 폴루스가 등장한다. 소크라테스는 반문 기법을 통해 폴루스에게 고르기아스라면 분명히 반대했을 명제에 동의하게 만든다. 부정을 가하는 것보다는 당하는 편이 더 낫다. 누군가 사악한 행동을 하면 그 행동이 처벌을 받지 않는 것보다 받는 쪽이 사회와 모든 사람은 물론 당신 자신에게도 더 좋다. 이렇게 말이다. 이것은 인형의 모습이 아니다. 이것이 바로 진짜 소크라테스이다. 소크라테스라는 사람의 본질인 것이다.

폴루스는 스승의 필생의 역작을 반박하도록 설득당한 후 칼리클레스라는 남자에게 자리를 내준다. 칼리클레스는 고르기아스의 비도덕주의를 자기 식대로 비틀었다. 그가 말하는 도덕과 행복은 본질적으로 자신의 의지에 달려 있다고 주장했다. 적어도 자신의 의지를 발휘할 줄 아는 능력과 의지력이 있는 사람에게는 말이다. 게다가 이것은 의지를 발휘하는 곳이 정당하든 아니든 똑같다. 칼리클레스가 말한 논리는 훗날 니체가 확고하게 확립한 신조였다. 니체는 소크라테스의 대화편에 매료되었으며, 특히 플라톤이 기록한 것들이었는데, 소크라테스의 대화에 대해서 뛰어난 말을 많이 남겼다. 소크라테스는 이런 대담한 명제에 대해 아무런 반박도 하지 않았다. 대신 칼리클레스가 주장한 행위에 치우친 삶과 자신의 철학적인 삶을 비교했다. 물론 자신의 삶을 훨씬 더 옹호하면서 말이다. "음미하지 않는 삶은 살 가치가 없다." 이 말에도 소크라테스 철학의 본질이 담겨 있다. 게다가 그의 담론에서 다양한 방식으로 등장한다. 하지만 그것과는 별개로 소크라테스의 목소리는 점점 약해지면서 플라트소크로 변모해 간다. 그는 페리클레스와 밀티아데스, 키몬의 업적과 철학을 비교하면서 전에 없이 강력하게 그들을 비난했다. 그런 비난 뒤에 감춰진 명제는, 진정한 철학자라면 아테네의 시민들을 승리와 정복으로 이끌 것이 아니라 도덕적인 사람이 되도록 격려함으로써 봉사를 해야 한다는 것이었다. 이런 명제야말로 소크라테스다울 것이다. 하지만 요점이 드러나는 맥락과 논쟁에 투사된 열정은 추악하고 소크라테스답지 않았다. 오히려 그 모습은 플라트소크였다. 게다가 대화는 사후에 재판을 받는 영혼의 신비로운 출현으로 끝이 난다. 이것은 명백히 플라톤의 목소리이다.

이때 『고르기아스』는 플라톤이, 의도적이든 아니면 자신의 강력한 정신을 드러내고 싶다는 거부할 수 없는 충동 때문이든, 자신의 주장을 '파견해' 두 가지 사상을 뒤섞어 버린 미로에서 소크라테스의 관점만 분리하기가 얼마나 어려운지 잘 보여준다. 이것은 현대의 언론 민주주의가 전쟁터로 향하는 모습과 흡사하다. 실제로 같은 단어를 쓰지 않는가. 특파원들은 전투가 벌어지는 전장에 '파견'된다. 그리고 이들이 TV 방송국과 신문사로 보낸 보도는 목격한 내용과 자신의 견해가 모두 뒤죽박죽이라 때로는 혼란스럽고 모순이 되기도 한다. 그래서 군의 지도자들이나 보호자들이 방송에 내보내고 싶어 하는 것들을 보도한다. 하지만 적어도 특파원들은 고국으로 송환될지언정 자신의 의도에서 너무 멀어지면 거부할 권리가 있다. 소크라테스는 플라톤의 '파견'에 죄 없이 희생된 피해자였다. 플라톤은 이 과정에서 스승의 사상을 제 맘대로 편집하기를 서슴지 않았다. 소크라테스는 총명한 제자가 훗날 자신을 이용할 줄은 꿈에도 몰랐을 것이다.

어쨌든 진짜 소크라테스가 몇 가지 중요한 주제에 대해 어떻게 생각했는지 확실히 알 수 있다. 그러므로 우리도 그것들을 쉽게 제시할 수 있다. 지금까지 우리는 그의 교수법에 대해 알아보았다. 그렇다면 다음으로는 소크라테스가 무엇을 가르쳤는지 살펴보는 것이 논리적이겠지만, 그에게는 체계적인 교수법이 없었고 엄밀히 말해서 교리라고 할 만한 것이 없으므로 대신 그가 무엇을 믿었는지 살펴보자.

•제5장•

소크라테스와 정의

위대한 경제학자인 존 케인즈가 이런 질문을 받았다. 어떻게 하면 자본가로 성공할 수 있습니까? 그는 이 질문에 "동물적인 정신이 가장 중요하다."고 대답했다. 이 말은 소크라테스에게도 대입할 수 있다. 그에게는 열정이랄까 살아 숨 쉬는 정신과 유쾌함, 생기, 활기 등이 넘쳐 났다. 살아 넘치는 힘이랄까 에너지 같은 것이 그에게 흘러들어가 다시 나오는 것 같았다. 여기서 말하는 "동물적인 정신"이란 천방지축 아이처럼 무책임하게 날뛰는 것이 아니다. 오히려 삶을 향한 열정이요 그가 만나는 사람들의 정신을 고양해 그 열정을 그들에게도 전해 주려는 바람이다. 어떤 맥락에서는 그 열정이 어마어마한 힘이 되기도 한다. 나는 소크라테스가 전장을 성큼성큼 가로지르는 모습을 쉽게 떠올릴 수 있다. 그는 장갑보병으로 완전 무장을 했다. 그의 위용을 본 스파르타 병사들은 기가 죽어 그를 슬금슬금 피하려 한다. 그들은 자신들은 당해 낼 수 없는 전투를 향한 투지를 감지한 것이다. 소크라테스는 자신을 육중한 몸집의 아테네라는 말 혹은 노쇠한 짐말, 백전노장의 군마가 무사안일주의나 혼수상태와 같은 타성에서 벗어나도록 따끔하게 찔러 주는 쇠파리로 비유했다.

대화에서도 이 열정은 막강한 힘을 발휘할 수 있었다. 소크라테스의 젊은 친구들의 한 명인 알키비아데스는 그를 전기가오리에 비유했다. 한 번 물리면 감각이 마비된다는 점에서 말이다. 그런데 이런 말에는 참뜻을 오도할 수 있는 위험이 숨어 있다. 소크라테스는 엄밀히 말해 논쟁을 할 때 '물지' 않았다. 매섭게 쏘아붙이는 일조차 드물었다. 그가 철학을 펼치는 과정은 "영글지 않은 사고에서 튀어나온 가설에 대한 심사숙고"로 정의해 볼 수 있다. 그가 "음미되지 않는 삶은 살 가치가 없다."고 한 말을 되새겨 보는 것도 좋다. 그런데 그의 질문 혹은 반문은 늘 공손했고 심지어 상냥했다. 소크라테스와 대화를 나눈 후 그가 자신을 바보로 만들었다고 생각하는 사람도 있었을 것이다. 하지만 소크라테스가 고의로 조롱했다는 느낌을 받았을 리 만무했다. 소크라테스는 사람들을 좋아했다. 어쨌든 대부분의 사람들을 좋아했다.

그의 박애정신 혹은 인류에 대한 사랑은 페리클레스와 그의 협력자들이 보여준 의식적인 인본주의와는 크게 다르다. 소크라테스의 박애에는 무신론의 흔적이 없었다. 그는 인간적인 약점과 나약함을 너무나 잘 알았기 때문에 신성으로 그 점을 보완할 수 있을 거라 생각했다. 소크라테스는 신을 믿었다. 신을 믿었기 때문에 자신의 인생을 철학에 헌신할 수 있었던 것이다. 그에게 철학에 바친 삶은 신성한 목적을 수행하려는 인간적인 바람과 같았다. 그는 자신이 이 목적을 성취할 수 있으리라 믿었다. 아테네를 돌아다니며 사람들에게 말을 걸고, 즉 그들에게 '질문을 던지고' 자문할 때 신이 그에게 말을 하듯 그도 그렇게 했다. 훗날 그를 고발했을 때 죄목은 신을 믿지 않는 것이 아니라 "아테네인들이 믿는 신을 믿지 않는 것"이었다. 완전히 틀린 말은 아니다. 소크라테스는 기존의 그리스인들이 믿었던 신들을 믿지 않았다. 그 신들은 저마다 전문분야가 있으며 사람들의 삶을 뒤흔들기만 하는, 진정한 종교라기보다 신화나 허구에 더 가까웠다. 소크라테스가 그의 입장에서 최대한 절실하게 믿은 신은 '신들'이 아니었다. 그는 늘 '신' 혹은 '그 신'이라고 말했다. 그는 일신교도였다.

소크라테스는 점잖고 섬세한 남자였기에 평민들이나 엘리트 계급이 미신을 믿는 태도를 받아들였다. 그는 상대방의 마음을 상하게 하고 싶지 않았다. 그는 대중적인 종교의 말을 종종 사용했다. 그가 유언으로 남긴 "우리가 아스클레피오스(의술의 신－옮긴이)에게 닭을 한 마리 빚졌네."라는 유명한 말이 그런 예이다. 실용적이고 경험을 중시했던 소크라테스는 대중 종교는 못 되면 무해할 뿐이고 잘 되면 사회에서 안정과 질서를 잡는 역할을 한다고 보았다. 종교는 궁핍한 삶을 힘들게 이어 가는 사람들에게 한 줄기 위안이 되기도 했다. 소크라테스는 합리주의의 팡파르 아래 대중이 갖고 있는 종교에 대한 환상을 걷어 버리려 애쓰는 리처드 도킨스와 같은 사람이 아니었다. 하지만 모든 일에 온건한 태도를 지녔던 소크라테스도 선을 그어야 할 때가 언제인지 알았다. 그는 공무에서 공공연히 미신을 배제했던 페리클레스만큼 도가 지나치게 굴지는 않았다. 하지만 그도 한때 군인이었기에 군사적 결정을 내릴 때 점쟁이와 예언자들을 배제해야 한다고 믿었다. 그의 친구이자 장군이었던 니키아스는 기원전 413년 8월 27일에 시러큐스의 평원에서 자신의 군대를 퇴각시켰어야 했다. 하지만 월식이 일어나자 필요한 의식을 치르느라 며칠을 더 머물렀고 결국 군대를 모두 잃고 말았다고 투키디데스는 기록했다. 소크라테스는 『라케스』에서 용기에 대해 논하면서 니키아스의 용기를 극찬했다. 하지만 그 대화에서 장군이 점쟁이한테가 아니라 점쟁이가 장군에게 복종해야 했다고도 말했다. 그였다면 니키아스에게 최대한 빨리 퇴각하면 군대를 살릴 수 있다고 충고했을 것이다.

하지만 공적인 문제에서 종교의 역할은 소크라테스의 주요 관심사가 아니었다. 그는 개인이 좀 더 도덕적인 사람이 되도록 도울 방법을 고민했다. 이것이 신에게 받은 평생의 사명이라고 그는 진심으로 열정적으로 믿었다. 그는 어떤 점에서는 신에게 몹시 가깝게 다가갔다고 믿은 것처럼 보인다. 신은 '다이몬daemon' 혹은 영적 목소리를 통해 그와 소통했다. 신은 이런 통로를 통해 그에게 몇 가지 어리석은 짓을 하지 말라고 충고했다. 그 가운데에는 정치가가 되지 말라는 것도 있었다. 그런데 소크라테스는 인격화된 단일신을 믿었다지만 히브리인들과 달리 신을 전지전능한 존재라고 여기지는 않았다. 그리스인들은 대개 신의 능력에 한계를 두었다. 그들에게는 여러 신과 인간의 차이는 때로는 그리 크지 않아 이를테면 신격화 같은 방법으로 뛰어넘는 것도 가능하다는 인식이 있었다. 그리스의 영웅적인 인간들은 때로는 신처럼 행동했고 인간을 닮은 신들은 질투와 잔인함, 온갖 저열한 감정을 드러냈다. 소크라테스는 결코 이런 모습을 보이지 않았다. 그는 훗날 라이프니츠가 신정론神正論이라고 부른 원칙을 조심스럽게 내세웠다. 이것은 악의 존재에 대해 신성한 특징, 특히 정의와 신성함의 옹호로 정의할 수 있다. 그는 아무런 어려움도 느끼지 않고 "인간에 대한 신의 방식을 정당화"하려고 애를 썼다. 그리고 이를 위해 전지전능한 신을 거부하는 방법을 썼다. 『국가론』의 제2권에서 (일반적으로 진짜 소크라테스가 한 이야기를 담은 텍스트는 아니지만 나는 진짜 소크라테스의 말로 느껴진다.) 그는 이렇게 주장했다. "그러므로 신은 오로지 선한 것을 제외한 그 어떤 것의 원인도 될 수 없다. 신이 사악한 것의 원인일 리 없다." 소크라테스는 이렇게 단언함으로써 그리스인들의 정신세계에서 익숙한 수많은 사건과 가능성을 배격한 것이다. 게다가 이를테면 『욥기』에 묘사된 극적인 일화들 같은 것들마저 배척한 것이었다. 『욥기』를 소크라테스가 읽었다면 지대한 흥미를 보였겠지만 타당한 이야기라고 생각하지는 않았을 것이다. 그렇다고 해서 그가 이원론 혹은 마니교를 믿었다는 증거도 없다. 그는 악의 문제를 미완인 채 내버려 두고 선의 문제에만 집중했다.

소크라테스는 오랜 시간을 '선한 삶'과 이런 삶을 사는 방법을 고민하며 보냈다. 선하게 살려고 노력을 해야만 이승에서는 일정 수준의 만족감을, 내세에서는 행복감을 얻을 수 있다고 진심으로 믿었으며 이런 사상이 그의 믿음의 근원이었기 때문이다. 그는 육신과 영혼, 그리고 이 둘의 관계를 단순하게 바라보았다. 육신은 인간의 활동적이고, 물리적이고, 세속적인 측면이며 언젠가는 죽음을 맞이한다. 영혼은 영적인 측면이며 불멸이다. 육체는 쾌락을 탐하고 물질적인 만족을 추구하며 이기적이며 통제하지 않으면 언젠가는 악이 자라난다. 영혼은 인간의 지적이고 도덕적인 측면으로, 옳은 일을 하고 스스로 발전하려는 성향을 본래부터 지니고 있다. 인간이라는 존재에게 가장 중요한 일은 육체적인 본능을 죽이고 영혼의 가르침에 응답할 수 있도록 자신을 단련하는 것이다. 그런 단련이 덕을 인식하고, 이해하고, 배워서, 이 지식을 삶의 모든 상황에 응용하는 것이다. 소크라테스가 생각하는 지혜의 핵심은 바로 이런 내용이었다. 그러므로 지식과 덕, 지혜는 서로 밀접하게 관련되어 있으며 이 관계를 탐색하는 것이 그가 자신과 타인에게 던지는 '질문'의 목적이었다. 소크라테스는 사생활에서 육체적인 욕망을 가라앉히기 위해 온갖 노력을 기울였다. 우정을 위해 친구들이 연 연회에 참석하는 자리에서도 자제하며 먹고 마셨다. 그는 당시 궤변론자들과 달리 화려한 경력을 추구하지 않았다. 그래서 필요한 것은 뭐든 최소한으로 만족했다. 그는 신발을 신지 않았다. 옷도 거의 입지 않았다. 비바람을 막을 수 있는 거처이면 만족했다. 집을 지을 땅을 주겠다는 제안도 한사코 마다했다. 소크라테스는 아테네에서 책의 거래가 늘어나는 모습을 보고 즐거워하며 누구든 그곳에서 새 책을 저렴하게 살 수 있다고 이야기를 했지만 정작 그는 돈이 거의 없거나 아예 없었다. 그가 정말 뭔가가 필요할 때는, 매우 드문 경우였지만, 주위에 언제나 도움의 손길을 내밀 친구들이 있었다. "나는 없어도 상관없다." "내가 정말로 필요한 것들은 거의 없다." 그렇게 살면서도 건강을 유지하며 잘 살았다는 사실이 정말 대단하다. 돈도 없으면서 병까지 나면 주위에 짐이 될 수밖에 없다. 그런데 소크라테스는 한 번도 아프지 않았고 일흔에 숨을 거둘 때도 완벽할 정도로 건강했다. 육체를 통제하고 모두에게 그 사실을 증명해 보이면서 그는 덕을 추구함으로써 영혼을 고양시킬 수 있었다. 그는 이렇게 말했다고 전해진다. "나는 어떤 사람에게도 고의로 해를 입힌 적이 없고 신에게도 고의로 죄를 지은 적이 없다." 얼핏 보기에 뻐기는 소리처럼 들린다. 하지만 소크라테스는 이런 사실을 결코 뻐기듯 말할 사람이 아니었다. 그러니 이런 말을 했다면 진심으로 그렇게 확신했을 것이다.

소크라테스가 말한 육체와 영혼, 그리고 둘의 관계에 대한 개념은 이윽고 규범이 되었다는 것도 진실이었다. 그가 태어나기 전에도 '프시케psyche'라는 단어가 존재했으며 아마 천 년 동안 쓰였을 것이다. 하지만 의미는 상당히 달랐으며 모호했다. 호메로스 시절 영혼은 유령에 가까운 상태라 우리가 만지려고 하면 사라졌다. 영혼은 죽은 자의 도플갱어이며 아스포델 들판의 하데스에서 살았다. 아마도 소크라테스가 살았던 시대에 사람들은 대부분 영혼을 이렇게 생각했을 것이다. 하지만 소크라테스가 죽고 한두 세대가 흐르면서 영혼에 대한 그의 생각, 영혼은 플라톤의 주장처럼 복잡하고 변덕스러운 존재가 아니라 그 무엇보다 단순하다는 주장을 교육받은 지적인 그리스인들 대부분이 받아들였다. 이런 주장은 그리스도의 가르침에 완벽하게 들어맞았으므로 기독교의 도덕관념에 그대로 수용되었다. 그리하여 그 후로 개화된 사람들은 소크라테스가 주장했던 영혼 개념을 받아들이게 되었다. 당신과 내가 '영혼'을 말하면 그것은 소크라테스가 의미했던 뜻일 것이다. 그가 이 단어에 지금과 같은 의미를 부여했으니 말이다.

이것은 우리의 정신에 뿌리를 내린 도덕관념에 지대한 영향을 미쳤다. 하지만 소크라테스가 기여한 부분은 여기서 그치지 않는다. 소크라테스는 인간의 본성을 긍정적인 시선으로 바라보았다. 그는 사람들이 거의 대부분 선하게 행동하고 싶어 한다고 믿었다. 설령 잘못을 저지르더라도 무지나 잘못된 가르침에서 비롯되었을 것이라고 말이다. 무엇이 진실인지 알게 되면 본능적으로 올바르게 행동할 것이라고 믿었다. 그러므로 앎이 곧장 덕으로 이어진다는 것이 소크라테스의 견해였다. 이러한 견해에서 보면 교육은 무척 중요하다. 특히 소크라테스가 질문법으로 보여준 교육 방식은 더욱 그렇다. 소크라테스의 교육법은 자신이 생각보다 아는 것이 훨씬 적다는 사실을 깨닫고 배움에 정진하게 하는 것이 목적이었다.

중요한 주제들 가운데 특히 지식이 부족한 주제가 바로 정의正義였다. 그리스인들은 모두 정의를 좋아했다. 하지만 정의가 무엇인지 아는 사람은 드물었다. 소크라테스가 보기에 그보다 더 큰 문제는 사람들은 정의와 정반대되는 개념을 정의로 알고 있다는 것이었다. 덕성을 구성하는 여러 항목 가운데 그리스인들이 결정적으로 잘못 알고 있는 것이 있다면 그것은 정의였다. 아리스토텔레스는 용어를 정확하게 정의해야 할 필요성에 주목했다는 점에서 소크라테스가 중요하다고 주장했는데, 올바른 판단이었다. 왜냐하면 처음부터 정의가 무엇인지 정확하게 알아야 자신의 무지가 얼마나 깊은지 제대로 헤아릴 수 있기 때문이다. 특히 정의에 관해서는 더욱 그랬다.

『국가론』 제1권에서 소크라테스는 여전히 이런 주장을 하며 "정의란 무엇인가?"라는 질문에 소피스트인 트라시마코스가 한 "정의는 강자의 관심거리다."라는 대답을 놓고 논쟁을 벌인다. 어느 사회에서나 무엇이 정의이고 아닌지를 결정하는 규칙은 그 사회를 지배하는 엘리트 계급이 결정한다. 즉, 그 사회에서 가장 힘이 있는 세력이 자신의 이해관계에 맞춰서 말이다. 소크라테스는 이런 주장에 동의하지 않았다. 하지만 자신의 의견을 내세우지도 않은 채 제1권은 아무런 결론도 없이 그대로 끝이 난다. 그런데 제2권으로 넘어가면 그는 더 이상 소크라테스가 아닌 플라트소크가 되어 있다. 하지만 여기저기에 등장하는 주장을 종합해 보면, 소크라테스는 어느 주제나 장점과 단점을 잘 따져서 판단해야 하며 덕을 갖춘 사람이라면 손쉽게 정의와 불의를 구별할 수 있으리라 생각했다. 그는 정의로운 행동이 그 어떤 명분보다 우선한다는 주장을 기회가 생길 때마다 명확하고 가장 강력한 표현으로 밝히곤 했다. 정의롭지 않은 행동을 할 바에는 죽음도 불사하며 다른 고통을 겪는 편이 낫다고 말했다. 소크라테스는 『변론Apology』에서 이렇게 말했다. "뭐든 할 가치가 있다고 해도 정의롭지 않은 행동을 다른 그 어떤 명분보다, 설령 자신의 목숨보다, 더 우선해서는 안 된다. 행동을 할 때 중요한 것은 그 행동이 정의로운지 아닌지, 선인의 행동인지 아니면 악인의 행동인지의 여부뿐이다." 정의로운 행동이 최우선이라는 소크라테스의 주장이 광범위하게 채택되었다는 사실은 두 세대 후 전全아테네축제Panathenaicus에서 이소크라테스가 한 단호한 연설에 잘 드러나 있다. "정의를 파괴하고 거둔 승리는 도덕적으로 옳은 패배보다 더 비열하다."

추상적인 의미의 정의에 소크라테스가 아무런 관심이 없었다는 점은 확실하다. 그는 항상 실천에 옮길 수 있는 정의에 관심을 가졌다. 그가 살았던 시절 그리스에서는 트라시마코스가 암시한 것처럼 정의는 자기 이익의 형태를 지닌다고 생각했다. 당시 그리스인에게 "어떤 사람이 정의로운가?" 라고 물으면 "친구에게 선을 베풀고 적에게 악을 행하는 사람"이라고 대답했을 것이다. 하지만 소크라테스는 이렇게 말하지 않았을 것이다. "정의로운 사람은 친구에게 선을 베풀고 자신에게 해를 입힌 사람에게도 선을 베풀어 적을 친구로 만들려고 하는 사람"이라고 대답했을 것이다. 이런 견해는 다양한 모습으로 등장하는데, 항상 주제는 악을 선으로 갚는 것이었다. 이런 주장은 "다른 쪽 뺨도 내밀라는" 그리스도의 주장과 흡사하다. 소크라테스는 『크리톤』에서 확실하게 밝혔다. "악을 행하거나, 악을 악으로 갚거나, 악으로 고통받고 있으면서 악을 되갚아서 자신을 보호하려는 행위는 결코 옳지 않다." 그 어떤 변명이나 상황에도 도덕적 상대주의와 타협하지 않으며 도덕적 절대주의를 고수하겠다는 소크라테스의 입장을 명확하게 보여주는 주장이다. 옳지 않다고 알고 있는 행동은 어떤 상황에서도 하지 말라는 것이다.

이러한 원칙을 바탕으로 소크라테스는 역사적으로 또 하나의 도덕적 분수령을 건널 수 있었다. 그 결과 개인은 물론 국가적으로도 그리스인들은 자신들의 행동에 가장 깊이 뿌리박은 공리의 하나인 보복주의를 확실하게 물리치게 되었다. 물론 보복주의는 그리스만의 전유물은 아니다. 야만성과 부족주의를 벗어나 문명화된 상태로 이행 중인 사회라면 대부분 보복주의는 흔히 볼 수 있었다. 『출애굽기』의 20장은 어떤 사회에서는 오랜 세월이 흐른 지금도 그 가치가 건재한 10계명을 신이 모세와 이스라엘 사람들에게 내리는 내용이다. 그런데 이 20장이 끝나자마자 아이를 가진 여자가 싸움 중에 유산이 된 것을 두고 끔찍한 내용으로 보복주의의 계율을 내린다(『출애굽기』 21장 23~25절). "그러나 다른 해가 있으면 갚되 생명은 생명으로, 눈은 눈으로, 이는 이로, 손은 손으로, 발은 발로, 데운 것은 데움으로, 상하게 한 것은 상함으로, 때린 것은 때림으로 갚을지니라." 『출애굽기』가 언제 지어졌는지는 알려져 있지 않지만 대략 기원전 700년이라는 설이 있다. 이 설이 옳다면 호메로스 다음가는 도덕적 멘토인 그리스의 시인 헤시오도스와 같은 시대를 산 사람이 편찬을 했다는 말이 된다. 헤시오도스는 『출애굽기』의 주장보다 더 나간다. "적이 당신에게 해로운 말을 하거나 행동을 하면 반드시 두 배로 갚아 주어야 한다." 한쪽 눈을 상하면 한쪽 눈을 요구했던 히브리의 지혜보다 훨씬 더 복수심에 물들어 있으며 양쪽 눈을 요구하지 않는 것이 잘못되었다고 주장하고 있다.

소크라테스는 복수주의의 이론과 실천을 전면적으로 반대했다. 그는 『크리톤』에서 (복수주의에 대해) 주요 원칙 다섯 가지를 밝힌다. 우리는 절대로 부정한 행동을 해서는 안 된다. 그러므로 부정을 부정으로 되갚아서도 안 된다. 타인에게 악을 행해서는 안 된다. 그러므로 악을 악으로 갚아서도 안 된다. 타인에게 악을 행하는 것은 정의롭지 못한 행동을 하는 것과 다르지 않다. 소크라테스는 그리스의 전통적인 도덕관념과 정의를 완전히 배척하는 행위에 얼마나 중대한 의미가 있는지 잘 알았다. 그래서 다섯 가지 원칙을 밝힌 직후 이렇게 덧붙인 것이다. "이렇게 믿거나 앞으로 이렇게 믿을 사람은 거의 없을 것이다. 믿는 사람과 그렇지 않은 사람 사이에는 절대 공통점이 없다. 각자 서로를 멸시할 것이다."

소크라테스의 주장은 공공정책으로 보복주의를 채택하는 문제가 중요한 현안이었던 시절에 다시 주목받게 되었다. 기원전 431년 에우리피데스는 자신의 희곡 『메데이아Medea』에서 끔찍한 장면을 보여준다. 아마 소크라테스는 객석에서 그 장면을 지켜보았을 것이다. 이 끔찍한 연극은 정의의 이름으로 복수를 벌이는 이야기이다. 메데이아는 자신이 당한 것과는 비교도 안 될 정도로 엄청난 보복을 한다. 이런 내용을 통해 에우리피데스는 보복주의가 (혹은 복수가) 정의의 원칙으로 받아들여진다면 받은 만큼 되갚아 주도록 하기가 너무나 어려울 것이라고 말하고 싶었을 것이다. 메데이아는 "신의 도움을 받아 되갚아 주었을 뿐"이라고 말한다. 하지만 그 후에 "가장 불경한 짓을 감히 저지르고 말았다"고 시인을 했다. 불경스럽다는 단어는 "복수 그 자체"가 불경스러운 행동일 수 있다는 주장을 은연중에 전달한다는 점에서 무척 중요하다. 우리는 소크라테스가 에우리피데스의 희곡을 적어도 하나 정도는 '수정해' 도움을 주었다는 사실을 알고 있다. 그러므로 소크라테스는 에우리피데스를 설득해 『메데이아』에 이런 대사를 넣었을지도 모른다.

그로부터 4년 후 보복이라는 주제는 전쟁과 정치가 난무하는 현실에 가장 놀라운 방식으로 다시 등장하게 된다. 아테네는 자신에게 반기를 들고 폭동을 일으킨 레스보스 섬의 주요 도시인 미틸레네를 놓고 처분을 고심했다. 당시 그곳은 아테네군이 점령한 상태였다. 아테네의 민회는 어떤 처벌을 내릴지 결정을 내려야 했다. 전쟁이 한창일 때라면 그런 도시에는 어떤 자비도 베풀지 않곤 했다. 스파르타와 아테네는 자신들이 정의라고 여기는 행위를 할 때는 그 어떤 예외도 두지 않을 수 있었다. 히스티아이이아와 멜로스, 스키오네, 토로네에서는 대량학살을 벌였다. 하지만 이런 학살은 군의 사령관이 독단적으로 저지른 행위였다. 기원전 427년의 경우 헌법을 기초로 한 국가의 민주적인 민회는 충분한 토론을 거친 후 반란을 일으킨 도시에 대한 처분을 결정했다. 선동적인 정치가였던 클레온의 연설을 바탕으로 군 사령관에게 미틸레네의 성인 남자는 모두 재판 없이 사형에 처하고 여자와 아이들은 노예로 팔아 버리도록 지시하는 제안이 통과되었다.

민주적인 토론을 통해 말살 혹은 학살을 하도록 명령한 이런 결정은 그리스 역사 혹은 내가 아는 한 인류 역사상 유일하다. 분명히 대다수가 이런 결정을 환영했을 것이다. 하지만 그 결정에 경악을 금할 수 없었던 소수가 있었고, 그 소수에는 아마도 그 자리에 참석했을 소크라테스도 있었다. 그는 아마 이런 역할을 했을 것 같다. 아니 분명히 그렇게 했을 것이다. 투표를 마친 직후 클레온은 미틸레네에 주둔 중인 군 사령관에게 민회의 결정을 전하기 위해 배를 보냈다. 민회가 생각을 바꾸기 전에 그 결정을 실행에 옮기게 하기 위해서였다. 그런데 민회가 정말 생각을 바꾸었다. 아마 소크라테스도 포함되었을 온건파들은 밤새 열띤 토론을 벌였을 것이다. 그들의 지도자인 디오도투스는 민회에 이튿날 결정을 번복해 줄 것을 요청했다. 그의 주장은 전적으로 현실적인 판단에 근거한 것이었다. 그는 미틸레네에서 폭동을 주도한 주체는 시민이 아니라 과두정부라고 주장했다. 시민들은 대부분 아테네의 편이며 당시 그곳을 점령 중이었던 아테네 군대에 도시를 넘겨주도록 했다는 것이다. 그러므로 과두정부 외에 그런 시민들까지 처벌을 하는 것은 부당하다. 왜냐하면 시민들은 결백하고 실제로 아테네를 지지하는 반면 과두정부에 모든 책임이 있기 때문이다. 아테네의 동맹국과 식민지들은 이런 부당함에 분명히 주목을 할 것이다. 디오도투스는 이렇게 말했다. "나는 아무리 정당하다 하더라도 파괴하지 않아야 할 사람들을 파괴하느니 차라리 우리가 손해를 보도록 제국이 결정을 내리는 편이 낫다고 생각한다." '파괴하지 않아야 할 사람들'이라는 마지막 표현은 모두가 자신들의 이익만을 외치는 상황에서 단연 돋보인 소크라테스의 사상을 드러내고 있다. 그러므로 나는 디오도투스가 적어도 부분적으로는 소크라테스의 가르침을 받지 않았을까 짐작하고 있다. 그는 정의로써의 보복주의 원칙을 부정하지는 않았다. 하지만 그의 목적은 단순히 투표에서 이기는 것이었다. 그리고 이겼다. 결정은 번복되었고 장군에게 보내는 지시 사항을 철회하기 위해 즉시 미텔레네로 군용선이 급파되었다. 천만다행으로 배는 제때 도착했고 덕분에 아테네의 명예도 그곳 사람들의 목숨도 모두 구할 수 있었다.

소크라테스의 견해가 몇 세대에 걸쳐 서서히 만장일치로 받아들여지기보다 대중의 행동에 곧장 적용된 일화가 있다. 이런 결과를 이끌어 내는 데 그가 개인적으로 개입한 것이 결정적이었다고 믿을 만한 강력한 근거도 있다. 신의 목소리는 그에게 정치가가 되지 말라고 했다. 하지만 그렇다고 기원전 5세기 중반의 그리스 사회에서 규범이 되어 버린 거짓 정의에 맞서는 진짜 정의의 이름으로 내려지는 정치적 결정에 영향을 미칠 방법마저 찾지 말라는 뜻은 아니었다.

소크라테스가 보복주의를 부정한 것은 그의 철학적 삶에서 철학이 쓸모가 있었던 가장 중요한 사건이었다. 또한 철학의 역사에서도 가장 중요한 사건의 하나였다. 이 사건을 둘러싼 가장 뛰어난 논쟁이 그레고리 블라스토스의 저서 『소크라테스』 제7장에 실려 있다. (시간이 있다면 이 책을 꼭 읽어 보기 바란다.) 소크라테스는 절대 타협할 수 없는 주장을 펼쳤다. 그것은 가장 엄격한 수준의 도덕적 절대론이었다. 그는 사실상 이렇게 말하는 셈이었다. 만약 당신의 행동이 다른 누군가에게 그리고 훨씬 더 나아가 수많은 사람들에게 나쁜 짓을 하면 그 자체로 무척 나쁘다. 당신에게도 몹시 나빠서 그 일로 거둔 좋은 일이 뭐든 그로 인해 발생한 악을 보상할 수 없을 것이다. 이런 행동은 승리나 심지어 전쟁을 이기는 것일 수도 있다. 이것은 기쁨과 안락함, 안전,

장수 등 당신이 소중하게 여기는 모든 것일 수도 있다. 가족과 친구들처럼 당신이 사랑하는 사람들의 동의를 이끌어 낼 만한 일일 수도 있다. 당신이 생각하기에 그들과 당신 자신의 보존을 위해 꼭 필요한 일일 수도 있다. 그러나 그 일이 잘못된 일이라면 해서는 안 된다. 당신의 삶이 다른 사람들에게 해를 입히면서까지 살 만한 가치가 있는 것은 아니다.

이것은 강경한 주장이다. 그러므로 지난 2500년 동안 이 세상이 원칙적으로는 이 주장을 인정하면서도 때로는, 심지어 평소에도 이 주장을 실천에 옮기기는 쉽지 않다고 느꼈다고 해도 전혀 놀랍지 않다. 플라톤이 스승의 원칙을 따르기를 힘들어 했다는 증거도 남아 있다. 아리스토텔레스도 쉽사리 받아들이지 못했다는 사실을 보여주는 관련 사료가 풍부하게 남아 있다. 그는 복수심을 부추기는 분노는 뿌리 뽑을 수 없는 것으로 인간의 본성에 자리 잡고 끊임없이 충동질을 한다고 보았다. 실제로 아리스토텔레스는 분노를 "앙갚음을 해 고통을 주고 싶은 바람"이라고 정의할 정도였다. 그는 내가 손해를 입었다고 해서 가해자에게 같은 짓을 해도 되는 권리가 생기는 것은 아니라는, 절대적으로 근본적인 도덕적 진실을 쉽사리 받아들일 수 없었다. 사실 소크라테스는 보복주의든 복수든 뭐라고 부르든 그런 행위는 잘못되었으며 용인되거나 옹호되어서는 안 된다는 도덕적 이치를 제대로 이해하고 전적으로 받아들였던 유일한 그리스인이었다. 그는 최초로 이런 이치를 소리 높여 말했으며 여론에 상관없이 이 주장을 고수했다.

소크라테스가 최초로 이 새로운 도덕률 즉, 인간의 법칙에 대응하는 신의 법칙을 정립 혹은 발견한 이후로 셀 수 없이 많은 남녀가 사적인 문제에서 이를 깬 것은 물론, 독재자와 절대 군주는 말할 것도 없고 민주주의 국가와 정치가와 장군들마저 수없이 많이 이 법칙을 어겼다. 제2차 세계 대전을 보면 미국과 영국 같은 독선적인 민주주의 국가들이 부도덕한 적국에 대해 정당한 전쟁을 벌이는 중이라고 주장을 하면서도 때로는, 어떤 이는 자주라고 하겠지만, 보복주의의 유혹에 넘어가기도 했다. 그러나 그들은 유혹에 넘어갔음을 깨달았다. 그래서 자신들의 행위를 공개적으로 비판했다. 당시에도 그랬지만 그 후로도 독일과 일본에 대한 폭격과 원자탄 투하의 정당성은 지금까지도 수많은 토론의 대상이 되었다. 이런 토론이 진행되었다는 사실은 소크라테스가 최초로 도덕적 계시를 받고 그 결과 우주적 양심을 깨달은 덕분이었다.

소크라테스가 관심을 기울이고 새로운 통찰력을 발휘한 정의에는 또 다른 측면이 있었다. 여성과 남성을 대하는 태도였다. 소크라테스는 여성에 대해 중요한 말을 했는데, 그것은 또 다시 역사에서 중요한 전환점이 되었다. 하지만 그 문제를 다루기 전에 고대 그리스의 동성애 문제와 동성애가 얼마나 유행했으며 소크라테스는 어느 정도 관여했는지를 확실히 알아 두는 것이 편리할 것이다. 기원전 7세기 말과 6

세기에 제작된 아티카의 흑화식과 적화식 컵을 보면 대부분 "(소년이) 아름답게" 새겨져 있다. 지금까지 용케 남은 용기 한두 개에는 성인 남성과 소년이 몸을 섞는 문양이 새겨져 있다. 그러나 기원전 5세기의 하반기에는 동성애를 시각적으로 보여주는 증거는 점점 자취를 감추었다. 소크라테스가 죽었을 무렵에는 거의 찾아볼 수가 없었다.

동성애는 대개 토지를 소유하고 부유한 가문에 한정되었는데, 이런 가문에서도 유산을 상속받을 동정인 어린 남자는 성적 매력이 살아나면 엄격하게 격리되었다. 기원전 5세기 중반까지 좋은 가문의 젊은 남자가 젊은 여자와 단 둘이 있기가 쉽지 않았다. 당연히 상류사회에서 낭만적인 사랑을 하기가 불가능하지는 않지만 어렵기는 마찬가지였다. 대신 청년들은 연장자인 남자와 낭만적인 우정을 맺게 되었다. 양쪽은 아름다운 외모와 연장자의 지도와 지혜, 가르침, 보호를 맞바꾸었다. 이런 남자들 간의 정사는 공식적인 운동 경기와 엘리트 계층의 운동으로 조장되었는데, 이런 행사에서 남자들은 모두 나체였다. 게다가 심포지움 같은 제도나 남자만 참석하는 저녁의 연회와 용기나 우정, 아름다운 몸매를 드러내는 데 방점을 둔 전쟁 등으로도 조장되었다. 하지만 이런 우정을 나눈 남자들 대부분이 육체적 관계를 맺었는지에 대해서는 의문의 여지가 많다. 알려진 바에 따르면 남창은 증오의 대상이었으며 성행위에서 수동적인 역할을 즐겼던 남자들을 그리스에서는 계층에 상관없이 모두 경멸했다. 하지만 젊은 남성의 아름다움에 대해서는 수없이 회자되었으며 이런 풍조는 플라톤의 저작을 비롯해 여러 문헌에 그대로 반영되었다.

소크라테스는 평생 (주로) 남자들, 그것도 특히 젊은 남자들과 토론을 하고 정기적으로 '심포지아'에 나갔다. 그렇다면 당연히 남자들과 관계를 맺었다거나 적어도 주위 친구들 사이에서 동성애를 용인했다는 말이 돌 법도 하다. 하지만 관련 문헌을 아무리 읽어 봐도 소크라테스가 남색을 했다는 증거는 없다. 그도 소년이나 젊은 남자가 아름다울 수 있다는 사실에 동의했을 것이다. 그러나 남자를 향한 그의 사랑은 시선을 맞추고 마음을 주고받는 것으로 그쳤다. 그는 대중이 믿는 다신교와 미신을 묵묵히 받아들인 것과 마찬가지로 심포지아에서 남자들 사이에 쉴 새 없이 이어지는 열정의 대화를 견뎠다. 그런 대화에 낄 때 그의 어조는 익살스러웠다. 플라톤의 저작에는 중요한 대목이 있다. (외국인 이류 시민인) 메토이코스이자 부유한 방패 제작자의 아들이며 그 스스로 저술과 연설 활동으로 부자가 된 리시아스의 연설을 분석한 글이다. 여기서 리시아스는, 젊은 남자는 자신이 사랑하는 남자보다 사랑하지 '않는' 남자에게 호의를 보여야 한다고 했다. 소크라테스는 이 말을 농담으로 받았다. "훌륭하군! 메가라까지 가서 그 말을 들어봐야겠군! 리시아스가 젊은 남자는 부유한 남자보다 가난한 남자에게, 젊은 남자보다 늙은 남자에게, 전반적으로 나 같은 평범한 사람에게 호의를 보여야 한다는 말을 덧붙여야 해. 이렇게 매력적인 민주적 행동이 또 어디에 있겠나!"

『파이드로스Phaedrus』 같은 글에서는 소크라테스의 생각이 더 명료하게 드러나는데, 그는 사랑을 육체적 욕망으로만 보는 태도에 반기를 든다. '에로스eros'를 놓고 플라톤과 소크라테스는 완전히 다른 생각을 했던 것 같다. 플라톤에게 에로스는 일종의 광기로, 사람을 도취시키는 힘을 만들어 낸다. 소크라테스의 에로스는 신중하고, 온건하고, 유쾌하고, 상냥하고, 익살스럽고, 분별력이 있었다. 플라톤은 성적인 기쁨을 배척했는데, 그것 때문에 영혼이 육체에서 분리되려는 시도가 실패로 돌아갈 것이기 때문이다.(그의 터무니없는 복잡한 영혼에 관한 주장의 일부이다.) 그러므로 그는 남자들의 육체적 접촉은 용인하되 '최종적인 희열'을 만끽하는 것은 금지했다. 반면 소크라테스는 오르가슴을 전혀 반대하지 않았다. 다만 남자와 여자의 관계로 선을 그었다. 그는 육체적 상태와 상관없이 남자들이 관계를 가지는 것, 특히 오르가슴에 이르는 행위는 소년과 성인 남자 모두에게 나쁘다고 보았다. 그는 그런 상태가 "너무 강렬하다"고 여겼다. 크세노폰의 『심포지움』에는 이 문제에 대한 그의 사상의 핵심을 담은 단락이 있다. "성인 남자는 그 쾌락을 자신만 누린다. 이런 행동은 소년에게 가장 부끄러운 짓이다. …… 소년은 여자와 달리 남자와의 성관계에서 쾌락을 느끼지 못한다. 다만 상대방이 도취된 모습을 냉철하게 구경할 뿐이다."

소크라테스가 동성애를 남자들의 사랑에 찬 우정과는 구별해서 보았음을 더 명확하게 보여주는 예는 플라톤의 『향연』에 나온다. 알키비아데스가 술에 취한 채 연회에 나타났는데, 그곳에서 소크라테스를 보자 자신과 그와의 관계에 대해 길고도 당황스러울 정도로 솔직하게 일장 연설을 한다. 무엇보다 그는 소크라테스를 유혹하려 했다가 실패했던 이야기를 매우 상세하게 털어놓았다. 젊은 시절 알키비아데스는 빼어난 아름다움과 매력의 소유자로, 모든 기록이 한결같이 증언하듯이, 소년이 취향인 남자라면 도저히 그를 물리칠 수 없게 만들 수 있었다. 그가 지혜의 근원으로 숭배했던 소크라테스에게 원한 것은 친밀한 관계였다. 그에게 자신의 육체로 쾌락을 선사하고 대신 정신적인 쾌락을 받고 싶었던 것이다. 소크라테스는 그런 제안을 받아들이지 않았다. 그는 갖가지 형식으로 알키비아데스를 매번 거절했는데, 결코 매몰차지 않고 합리적인 근거를 들어 예의 바르게 거절했다. 마침내 알키비아데스는 소크라테스가 자신의 집에서 잘 수밖에 없는 상황을 만들었다. "등불을 끄고 하인들도 모두 물러가자 나는 그와 허심탄회하게 이야기해 모든 의심을 해소해야 한다고 느꼈다." 그래서 그는 소크라테스에게 깨어 있겠다고 약속하게 한 후 자신의 의도를 확실하게 밝혔다. 자신의 아름다운 몸을 바쳐 소크라테스의 지혜를 얻겠다고 말이다. 소크라테스는 그를 만류하려고 했지만 알키비아데스는 고집을 꺾으려 들지 않았다.

결국 그에게서 더 이상 아무 말도 듣고 싶지 않아서 나는 벌떡 일어나 내 겉옷을 그에게 던졌다. 그리고 그의 너덜너덜한 망토 속으로 미끄러지듯 들어가 (그때는 겨울이라 추웠다.) 그를 양팔로 안았다. 나는 밤새 이 초인적인 천재를 꼭 안고 누워 있었다. …… 나는 갖은 노력을 다 해 보았지만 그는 나의 애원과 간청에도 꿈쩍도 하지 않았다. 그는 혐오감을 느끼고 있으며 나보다 뛰어나다는 생각이 들었다. 게다가 내 아름다움을 경멸하는 것 같았다. 물론 그는 절대 무례하게 행동하지 않았지만 말이다. 덕스러운 그는 그 앞에 누워 있는 내 육체를 예의 바르면서도 당당하게 거절했다. 아무 일도 일어나지 않았다. 나는 그대로 잠이 들고 말았다. 눈을 떠 보니, 이 세상의 모든 신과 여신들이 내 증인이 되어 주실 것이니, 마치 내 아버지나 형과 잠을 잔 것처럼 내 몸에는 아무 일도 일어나지 않았다.

현대의 독자들은 이 대목을 읽고 충격을 받을 수도 있다. 여기에서 소크라테스가 동성애를 좋아하지 않았다는 사실은 드러나지만 동시에 성관계를 요구하는 알키비아데스를 수동적으로 용인하고 있기 때문이다. 그런데 확실하게 거부를 하지 않은 것은 소크라테스가 제안을 딱 잘라 거절하면 알키비아데스의 자존심에 너무 큰 상처가 될 것을 잘 알았기 때문이다. 그보다 더 잔인한 일은 없었을 것이다. 그러므로 소크라테스의 수동적인 태도는 정확하고 올바른 판단이었다.

이제 소크라테스가 여자들에게 어떻게 대했으며 여자들의 사회적 역할에 대해 어떤 생각을 가졌는지 살펴보도록 하자. 이를 알아볼 증거는 그리 충분하지 않다. 하지만 남아 있는 것만으로도 그의 견해가 얼마나 흥미로운지 잘 알 수 있다. 『향연』에는 플라톤이 기록한 사랑에 대한 대화가 나온다. 여기서 소크라테스는 아르카디아의 만티네아에 사는 디오티마라는 여자를 소개했다. "그녀는 사랑의 기술에 대해 내게 가르쳐 준 선생이었다. 그러므로 그녀가 내게 들려준 이야기를 전하려 한다." 그의 말에 따르면 디오티마는 "사랑은 물론 다양한 분야의 지식이 풍부한 지혜로운 여인"이었다. 소크라테스는 또, 당시 페스트가 그리스 전역으로 퍼지며 아테네를 향해 다가오고 있었는데 디오티마가 아테네 사람들에게 페스트를 막기 위해 어떤 식으로 고사를 지내야 하는지 충고했다고 말했다. 그녀의 노력으로 아테네에서 페스트의 발병을 10년이나 늦출 수 있었다는 것이다. 이것으로 보아 그녀는 일종의 여사제가 아니었나 싶다.

그런 식으로 플라톤의 기록에는 디오티마와 소크라테스가 나눈 대화가 몇 천 자나 되는데, 대화는 디오티마가 주도하며 소크라테스는 다소곳이 듣는 입장이다. 사랑의 본질에 대한 대화의 대부분이 순전히 플라톤의 견해를 담고 있다. 즉, 그의 '형상'과 영혼과 지식의 '부활'에 대한 그의 독특한 견해를 전하고 있다. 그러므로 그 내용을 여기에서 굳이 살펴볼 필요는 없다. 자신의 사견을 남의 입을 통해, 이 경우에는 소크라테스는 물론 디오티마까지 이용해서 주장하는 플라톤의 짜증나는 습관만 재확인할 뿐이기 때문이다. 그런데 『향연』에 실린 이 부분을 읽으면 충격을 받을 만한 세 가지 측면이 있다. 첫째, 소크라테스가 우리에게 자신이 받은 교육에 대해 직접 이야기했으며 이 뛰어난 여성에게 어떻게 배웠는지 말해 주는 유일무이한 경우라는 점이다. 젊은 시절 그에게 영향을 주었고 철학을 대하는 그의 태도에 길잡이가 되어 준 사람에 대해 수많은 추측이 있었다. 그런데 바로 이 대목에서 그가 받은 교육을 조금이나마 확인할 수 있다. 게다가 그의 스승이 여자라는 놀라운 사실까지 알 수 있다. 기원전 5세기의 아테네에서는 이것만큼 희한한 일도 없었을 것이다. 둘째, 디오티마는 우리가 소크라테스의 질문법이라고 부르는 방법을 활용한다. 이 대목에서 소크라테스는 질문을 당하는 쪽이다. 그녀는 그에게 '질문을 한다.' 이제 그녀는 가르치기 시작하고 소크라테스는 대개 자제하는 방식으로 지식을 알려 준다. 그리하여 사랑에 대한 토론은 결론을 맺는다. 소크라테스가 그의 문답법을 여자에게 처음 배웠다는 사실도 놀랍기는 마찬가지다. 문답법은 그가 만들어 낸 방법이 아니었다. 하지만 그는 그 방법을 좀 더 확장하고 매끄럽게 다듬었다. 디오티마는 지금 우리가 아는 소크라테스가 만들어지기까지 그 누구보다 중요한 역할을 담당했다.

셋째, 디오티마가 사랑을 출산의 관점에서 출산의 고통과 영광, 아름다움을 설명하는 대목은 몹시 훌륭하다. 그리스의 문헌을 모두 뒤져도 이런 글은 찾아볼 수 없다. 이 부분을 읽은 후 나는 소크라테스가 디오티마를 스승으로 삼기까지 산파였던 어머니 파이나레테가 모종의 역할을 했을지도 모른다고 추측하게 되었다. 적어도 파이나레테는 두 사람 사이에 다리를 놓아 주었을 것이다. 디오티마도 산파였을지 모른다. 솔직히 나는 그랬을 거라고 확신하고 있다. 만약 그렇다면 두 여자는 난산에 대해 이야기도 나누고 함께 일도 했을 것이다. 소크라테스의 지적 성장에 그의 부모가 어떤 역할을 했을지 구체적으로 추측할 수 있는 유일한 대목이다.

소크라테스의 인생에 등장한 두 번째 여자의 역할은 이보다 훨씬 더 주목할 만하다. 바로 밀레투스 출신의 아스파시아이다. 밀레투스는 그리스가 지금의 터키 해안에 건설한 식민 도시로, 그리스의 대도시들 가운데 최남단 도시였다. 그녀는 출신은 비천했지만 노예 계급은 아니었던 것 같다. 그런데 그녀는 주로 '헤타이라Hetaera'로 나오는데, 헤타이라는 창녀보다 계급은 높지만 남자와 비정기적으로 관계를 맺는 여자나 정부를 일컫는 용어이다. 이런 여자는 주로 외국인이나 노예나 자유민으로 풀려난 여자들이었다. 이들은 일정한 법적 권리를 행사했으며 세금을 냈다. 하지만 아테네에서 완전한 시민권을 향유하는 경우는 드물었다. 이들은 남자들만 참석하는 저녁 연회에 음악가나 무희나 플루트 연주자로 고용되기도 했다.

아스파시아가 특별한 것은 페리클레스 서클의 일원으로 학식이 뛰어나고 박학했기 때문이다. 게다가 페리클레스가 아내와 이혼한 지 5년 후에 그의 배우자가 되어 죽을 때까지 함께했다. 그녀는 확실히 소크라테스를 잘 알았다. 소크라테스가 아테네 곳곳을 여행할 때 그를 만나 아마도 그로부터 '질문'을 받았을 것이기 때문이다. 소크라테스는 그녀의 지적인 성취와 저술에 대해 높이 평가했다. 어떤 청년의 부모가 아들에게 수사학을 가르쳐 줄 스승을 추천해 달라고 하자 아스파시아를 추천했을 정도이다. 이 일화가 놀라운 것은 그 부모가 선뜻 그녀를 아들의 스승으로 모셨고 흡족한 결과를 거두었기 때문이다. 그녀는 그 외에도 다른 청년들을 가르쳤고 그들의 연설 실력으로 페리클레스를 돕는 데 일조했다. 그녀를 역사상 최초의 전문적인 연설문 작성자라고 불러도 과언이 아니다. 여자가 처음으로 이런 일을 시작했다니 놀라지 않을 수 없다. 그런데 그녀가 페리클레스의 유명한 장례 연설문을 모두 작성했는지는 의심스럽다. 왜냐하면 연설 가운데 여자를 폄하하는 내용이 들어 있기 때문이다. 그는 그 연설에서 여자가 얻는 명성이라고 해 봤자 "칭송이나 비난이 아니면 거론될 리가 없다."고 했던 것이다.

사람들은 아스파시아가 페리클레스의 막후에서 막강한 영향력을 행사한다고 믿고 연극과 촌극에서 그녀를 공격했다. 특히 아리스토파네스가 기원전 425년에 연극 경연대회에서 일등상을 수상한 『아카르나이 사람들』에서 그녀를 공격한 것이 가장 유명하다. 그러므로 아스파시아와 소크라테스는 이 신랄한 극작가의 반감을 샀다는 공통점이 있다. 물론 그는 소크라테스를 공격할 때와 마찬가지로 아스파시아를 공격할 때도 그녀와 아는 사이는 아니었을 것이다. 그녀는 연극계에서 특히 시샘과 원한을 산 듯하다. 왜냐하면 페리클레스가 죽기 몇 년 전 배우인 헤르미푸스가 불경스러운 여자라며 공개적으로 고발을 했기 때문이다. 페리클레스는 노련하면서도 열정적으로 그녀를 옹호해 결국 그녀는 무죄를 선고받았다. 페리클레스가 기원전 429년에 죽자 그녀는 정치가인 리시클레스와 함께했지만 이듬해 그도 살해되었다. 페리클레스와의 관계로는 그녀가 역사책에 실릴 근거가 되지 않았을지도 모른다. 하지만 소크라테스와의 우정과 그녀의 성취에 그가 품었던 존경심은 이야기가 다르다. 그녀는 플라톤은 물론 아이스키네스(아테네의 웅변가—옮긴이), 안티스테네스(소크라테스의 제자이자 견유학파犬儒學派의 창시자—옮긴이)의 저술에도 등장한다.

소크라테스는 이 두 명의 총명한 여자들로부터 많은 영향을 받았다. 그래서 여성이 아테네 사회에서 훨씬 더 큰 역할을 담당해야 한다고 주장했으며 특히 남성과 동등한 수준의 교육을 시켜서 그에 대한 준비를 시켜야 한다고 주장할 정도였다. 그가 생각하기에 당시의 낮은 지위에서 여성을 끌어올리는 문제는 단순히 정의의 문제였다. 당시 여성은 결코 벗어날 수 없는 가차 없는 압제를 받았으며, 아무것도 성취할 수 없었고, 문화와 즐거움을 누릴 수 있는 삶을 꾸리지 못한 채 단순히 가사노동과 성적인 노리갯감으로 살아야 했다. 상류층 여자들도 실을 잣고 천을 짜고 옷을 만들어야만 했다. 스파르타와 달리 아테네에서는 여자들이 상당한 지위와 권리를 누렸지만 대개 재산을 가지거나 처분할 수도 없고 이혼을 제외하면 법원에 소송을 제기할 수도 없었다. “법이 응당 여자들에게 거의 주지 않은 힘을 자연이 주었다.”라고 한 존슨 박사의 말이 이 상황을 설명하고 있다고 해도 과언이 아니다. 왜냐하면 그리스 작가들은 작품에서 여자들이 꾸민 간계와 그들의 성적 매력이 일으킨 엄청나면서 때로는 재앙을 부른 효과에 대해 쉴새 없이 썼기 때문이다. 소크라테스는 여자가 남자만큼 지적으로 뛰어나다고 보았다. 그러므로 그에 합당한 교육을 받아야 하며 사회에서 상응한 지위를 갖추어야 한다고 믿었다. 여자들의 활약을 제한하는 유일한 조건은 남자에 비해 떨어지는 체력뿐이라고 말이다. 그는 여자들이 승마를 익힐 수도 있고 원한다면 전사로도 훈련시킬 수 있을 거라고 믿었다.

여성에 대한 소크라테스의 견해는 플라톤의 『국가론』에 나와 있다. 여기서 소크라테스는 여성에게 교육과 훈련을 받고 공직을 맡을 권리를 주어야 한다고 주장했다. 플라톤의 이상적인 국가의 통치자들이자 지도자들의 일부는 여성이 되어야 한다는 주장도 나온다. 안타깝게도 플라톤은 사회의 재편과 여성의 삶에 대해 소크라테스가 말한 범위를 훨씬 뛰어넘었다. 그는 가족 제도를 폐지하고 아내와 아이들이 공동체를 만들자고까지 했다. 이런 주장을 소크라테스가 들었다면 실컷 비웃었을 것이다. 결국 플라톤은 후기 저작물인 『법률Laws』에서 이런 주장을 철회하기에 이른다.

소크라테스가 진실로 원했던 것은 여성이 자신의 지성과 기술을 연마하고 잠재력을 실현할 수 있는 체제였다. 그는 여성이 책임감 있고 성취감을 누릴 수 있는 삶을 살기를 바랐다. 여성이 아이들과 남편을 보살피는 삶에 만족한다 하더라도 소크라테스는 여성 자신이 그런 삶을 원한다면 만류하지 않았다. 반대로 공직에 나가려고 하면 설령 '스트라테고스'의 자리라고 해도 그는 말리지 않았다. 그는 여성을 신뢰했다. 그는 상류층 여자는 노예를 대동하지 않으면 절대 외출을 할 수 없으며 그 노예는 대개 남자여야 한다는 아테네의 풍습에 특히 반감을 품었다. 노예를 딸려 보내는 것은 신변을 보호하려는 목적도 있었지만 아내가 기이하거나 이해할 수 없는 행동을 하지 않는지 주인인 남편에게 샅샅이 고하기 위해서이기도 했다.

여기까지 이야기가 진행되니 노예 제도를 짚고 넘어가지 않을 수 없다. 아테네의 거주민 가운데 반 정도는 시민권을 가질 수 없었는데, 그들은 빚을 진 보증인과 (노예화된 토착 인구인) 자유가 없는 사람들, 메토이코스라고 하는 거류 외국인, 재산으로 간주되는 노예였다. 노예는 다양한 일을 했는데, 특히 은행 일처럼 주인에게 봉사하는 일이 대부분이었다. 특히 아테네를 위시한 그리스 시민들은 타인을 위한 일을 꺼리는 경향이 있었다. 타인을 위한 일은 자신의 독립성과 타협을 하는 것이며 결국 노예가 되는 길이라고 여겼기 때문이다. 그래서 노예는 돈을 벌 기회가 많았다. 노예였던 파시온도 이런 식으로 그리스에서 가장 부유한 은행가가 되어 자유민의 신분도 살 수 있었다. 하지만 노예 상태로 태어났거나 포로로 끌려온 노예들은 대부분 자유를 누릴 기회가 드물었다. 그래서 소아시아의 식민지인 에페소스에는 가난한 주인이 노예를 거래할 수 있는 노예시장이 성황이었다.

소크라테스는 노예제가 명백히 정의를 모욕하는 제도라고 생각했다. 그러므로 지금까지 전해지는 기록에서 노예제에 반대해 폐지를 권하는 소크라테스의 모습이 없다는 사실이 이상할 뿐이다. 심지어 노예제에 대해 언급한 부분도 전혀 찾아볼 수 없다. 어쩌면 기록에서 빠진 대화편에 실려 있을 수도 있는데, 그것들은 단지 후대가 '실수로' 필사를 해 놓지 않은 바람에 자취를 감추었을 것이다. 사회가 용납하지 못한 수많은 글이 그런 운명을 겪었듯이 말이다. 이 대목에서 또 한 번 아무것도 글로 남기지 않기로 한 소크라테스의 결심이 원망스럽다. 그가 노예제에 의문을 제기하지 않았다는 사실은 이것만 아니라면 광범위한 차원을 포용했을 정의에 대한 견해에서, 나아가 그의 철학 전반에서 엄청난 구멍이 아닐 수 없다. 그가 사후에 미친 영향력을 볼 때 노예제를 논리적이고 예리하게 비난했다면 엄청난 결과를 이끌어 냈을지도 모른다. 어쩌면 인본주의에 재앙이었던 이 제도가 몇 세기 더 일찍 폐지되었을지도 모른다. 물론 소크라테스가 대화를 나누며 습관적으로 노예 제도의 정당성에 의문을 제기했을 가능성도 충분히 있다. 나는 그럴 가능성이 상당히 짙다고 생각한다. 내 생각이 옳다면 보복주의를 공공연하게 반대했던 것처럼 노예 제도를 은연중에 반대했다는 사실이 아테네 사람들 가운데 적대감을 자아내는 데 일조를 했고 그 결과 소크라테스가 고발을 당하고 유죄를 선고받은 후 사형에 이르게 된 것은 아닐까? 이제 그 사건을 살펴보도록 하자.

제6장

아테네의 도덕적 타락과 소크라테스의 죽음

소크라테스는 비교적 개방적인 사회인 아테네에서 살았다. 그래서 반세기의 상당 부분을 완전한 자유를 누리며 지혜와 덕을 추구하고 젊은이나 늙은이, 부자나 빈자를 가리지 않고 '질문'을 던지며 살 수 있었다. 특히 정의와 불의에 대한 그의 가르침이 아테네인들이 암묵적으로 합의해 온 내용과 배치될 때가 잦았고 그래서 '올바른 생각을 지닌' 사람들에게 충격을 주기도 했을 것이다. 하지만 당시만 해도 당국이 그의 가르침이나 철학에 관한 대화를 금지하려 했다는 기록은 어디에도 없다. 그랬지만 스승이라는 경력을 쌓는 과정에 위험이 없지는 않았다. 아테네는 그리스의 도시국가들 가운데 부를 축적하고 예술과 사상을 창조하고 이끄는 데에 단연 으뜸이었다. 기원전 5세기 거의 내내 아테네는 문명 세계의 문화적 수도였다. 하지만 그러한 성공 때문에 정치가들에게도, 자신의 지력으로 먹고 살았던 사람들에게도 아테네는 위험한 곳이었다. 치열한 경쟁으로 예술과 지적 분야에서는 역사상 유례가 없는 혁신을 거둘 수 있었다. 하지만 사람들의 시샘과 악의, 개인적인 질투, 복수도 그만큼 치열했다. 이런 현상은 엘리트층에서 가장 두드러졌다. 하지만 대체로 시민들도 변덕스럽고, 지도자와 뛰어난 사람들에게 비판적이고, 쉽게 동요하고, 사업이나 계획에 실패한 사람이나 오만하거나 잘난 척해 화를 돋우는 사람에게 공개적으로 앙심을 잘 품기로 악명이 높았다. 당시 아테네는 유명 인사들이 칭송을 받을 수도 있지만 갈가리 찢길 수도 있는 유명인 사회였다. 어떤 점에서 리처드 닉슨이 "본질적으로 출세가도의 도시"라고 불렀던 뉴욕과 비슷했다. 아테네에서 성공은 매력적이었지만 실패할 경우 받아야 하는 처벌은 가혹했다.

게다가 소크라테스의 말년에 아테네는 도덕이 붕괴되며 갑자기 추악한 곳으로 변해 갔다. 아크로폴리스와 아고라에서는 간헐적이기는 하지만 강력한 마녀 사냥의 냄새가 풍기기 시작했다. 페리클레스의 태평치세와 같은 날은 다시는 돌아오지 않았다. 기원전 430년 페스트가 창궐하며 암흑기가 시작되었다. 이 시기에 페리클레스는 페스트로 가족은 물론 자신도 목숨을 잃고 말았다. 페스트로 한때 견줄 데 없던 아테네의 자신감이 주저앉았다. 오만했던 아테네에 대한 심판인 것 같았다. 엘리트 계급도 가장 유능한 일원들이 페스트에 목숨을 잃으며 엘리트 계급의 규모도 급격하게 줄어들었다. 페스트로 아테네의 군대와 해군의 규모도 눈에 띄게 축소되면서 전사자를 대체하기가 훨씬 더 어려워졌다. 아테네의 인구가 눈에 띄게 증가하던 시절은 이제 종말을 고했다. 페스트로 아테네 인구의 4분의 1이 목숨을 잃었다. 소크라테스의 생전에 이 수치가 회복될 기미는 전혀 보이지 않았다.

역동적인 에너지와 이상을 겸비한 페리클레스를 대체할 만한 지도자는 나오지 않았다. 그가 지휘한 펠로폰네소스 전쟁(기원전 431~기원전 404)을 성공적으로 이끌겠다는 목표를 굳세게 이끌어 갈 사람은 없었다. 리더십이 변덕스럽고 무책임한 인물들의 손으로 떨어졌다. 처음에는 야만적인 선동가 클레온이 등장했다. 그는 기원전 422년에 트라키아를 침공해 초기에는 승기를 잡는 듯 했지만 결국 패하고 암피폴리스에서 살해되었다. 스파르타와 아테네는 주기적으로 휴전과 긴 휴지기를 이어 가며 각자의 상처를 추스르고 재기에 힘을 썼다. 그 무렵 소크라테스의 친구이자 한때 그를 유혹하려고 했던 알키비아데스가 아테네라는 배의 키를 잡게 되었다. 그는 선동가라기보다 모험가였는데, 그가 궁극적으로 충성을 바친 존재는 바로 자기 자신이었다. 기원전 416~기원전 415년 사이에 그는 스파르타의 중요한 동맹국이었던 시러큐스를 진압하기 위해 시칠리아로 해군과 지상군을 투입하는 어마어마한 계획을 적극적으로 지지했다. 하지만 이 계획은 니키아스 장군(기원전 470~기원전 413)의 반대에 부딪혔다. 니키아스는 온건파로 클레온에 대적했으며 평화를 지키려는 입장을 고수했다. 그러나 결국에는 전쟁 제안이 채택되었고 니키아스와 알키비아데스가 각각 지휘관으로 임명되었다. 아무리 좋게 말해도 어리석은 처사가 아닐 수 없었다. 원정대는 대규모였으며 막강한 무기로 무장을 했다. 투키디데스의 기록에 따르면 "아테네에서 파병된 그 어느 군대보다 장엄했다." 소크라테스는 전쟁을 준비하는 모습을 지켜보며 불안감을 떨칠 수 없었다. 그는 결코 무조건적인 평화주의자는 아니었다. 왕년에는 목숨을 걸고 아테네를 위해 싸우기도 했다. 하지만 전쟁은 대부분 어리석은 짓이고 스파르타와 목숨을 걸고 싸우는 것이야말로 그리스에 위험을 초래할 것이라 판단했다. 이윽고 그의 판단이 옳았음이 증명되었다. 알키비아데스와 니키아스가 모두 그의 친구들이었다는 사실 때문에 그는 곤란한 입장에 놓이게 되었다.

막상 전쟁이 시작되자 알키비아데스는 금세 아테네로 송환되었다. 아테네가 숭배하는 신들 가운데 가장 중요한 엘레우시스 제전(곡식의 여신인 데메테르를 받드는 의식―옮긴이)의 명예를 더럽힌 죄목으로 조사를 받기 위해서였다. 이런 행동은 그와 그의 부유한 친구들이 술에 취해 난동을 부릴 때면 즐겨 하던 짓거리였다. 그런데 당시 저술가 가운데 알키비아데스와 그 패거리가 정확하게 무슨 짓을 왜 했는지 기록으로 남긴 사람이 없다. 그러므로 그 일은 그 제전만큼이나 내게는 여전히 미스터리이다.(이 제전이 영어로 Eleusinian Mysteries라고 한다는 점에 착안한 말장난이다.―옮긴이) 유죄 판결과 함께 사형이 선고될 것이 두려웠던 알키비아데스는 아테네를 떠나 곧 스파르타로 향했다. 그는 그곳에서 자신이 당위성을 주장하고, 계획하고, 지휘까지 했던 원정대를 궤멸시킬 수 있는 방법을 조언했다. 그러나 그곳에서도 곧 스파르타인들과 불화를 일으켰다. 그 후로는 아테네와 스파르타 양 진영을 오고 가다가 결국 기원전 404년 프리지아에서 살해되었다. 그는 틈만 나면 소크라테스와의 친분은 물론 그에게서 배운 것을 과시했기 때문에 이제 60대 중반이 된 노 철학자는 그로 인해 심각한 타격을 받았음은 물론 위험을 느끼게 되었다.

한편 니키아스의 행동도 소크라테스를 당황시키기에 충분했다. 그는 우유부단하게 굴면서 군인으로서의 본능보다 점쟁이와 예언자들의 말을 더 믿었다. 병력을 증강했음에도 불구하고 시칠리아 원정은 재앙과 다름없이 끝이 났다. 병사들은 도륙당하거나 시러큐스 외곽의 채석장에서 굶어 죽어갔으며 니키아스를 포함한 사령관들은 처형되었다. 이 패배는 아테네의 역사를 통틀어 가장 큰 군사적 실패였다. 이 엄청난 패배는 투키디데스가 이 전쟁을 언급했던 장려한 산문으로나마 겨우 보상을 받았다.

전쟁이 좀처럼 끝이 나지 않았다. 그러자 아테네는 용감하지만 점점 더 필사적으로, 때로는 절망적이기도 했지만 노력을 기울여 해군을 재건하고, 식량공급을 확보하고, 스파르타 군대가 그나마 남아 있는 제국을 더 이상 파괴하지 못하도록 막아 냈다. 기원전 406년 아테네 함대가 아르기누사이에서 승리를 했다. 이곳은 레스보스의 본섬과 아시아 대륙 사이에 모여 있는 작은 섬들이었다. 사면초가에 몰린 아테네에게 이 승리는 무척 중요했다. 하지만 그마저도 아테네의 정치가들에 의해 쓸모없게 되어 버렸다. 양측의 손실은 막대했다. 스파르타 함대는 궤멸되었지만 아테네도 군함 25척과 4천 명이 넘는 해군을 잃었다. 그런데 정치가들은 사령관들의 공을 치하하기는커녕 직무태만으로 아군의 목숨을 제대로 구하지 않았다고 기소했다. 이 고발 자체도 터무니없지만 비정상적인 상황 두 가지가 더해지면서 상황은 더욱 심각해졌다. 첫째, 정치가들은 서약을 한 배심원단이 아닌 시민들이 모인 민회에서 단순한 투표로 평결을 이끌어 냈다. 이러한 조치는 악명 높은 사권박탈법과 맞먹었는데, 영국에서는 플랜태저넷가 후기와 튜더 왕조에서 이런 조치로 죄 없는 사람들이 수도 없이 목숨을 잃은 바 있었다. 둘째, 민회는 기소를 당한 사령관 8인에 대해 따로따로 투표를 할 수 없고 그들을 뭉뚱그려 단 한 표만 행사할 수 있었다. 이것은 아테네 사법제도의 중심 원칙 가운데 하나에 위배되는 것이며 명백히 불법행위였다.

당연히 소크라테스는 이 말도 안 되는 심리에 직접적으로 개입했다. 정치를 멀리하기는 했지만 그는 헌법에 명시된, 법을 준수하는 시민으로서의 의무를 한 번도 방기한 적이 없었다. 그러므로 때때로 500인의 평의회Senate of Five Hundred에서도 자신의 의무를 다했을 것이다. 그런데 이 심리가 벌어질 때 소크라테스는 마침 민회의 의제를 결정하는 심리위원회 즉, 프리타네스prytanes에 소속되어 있었다. 그 위원회는 당연히 소크라테스의 주도로 재판 과정이 불법적이고 헌법에 위배

된다며 반대를 했다. 그러나 전사한 해군들의 유가족으로 구성된 군중의 지원을 받는 정치가들을 기소하는 일에 위원회 위원들이 겁을 집어먹었다. 자신들의 이름도 고발장에 올라 유죄를 선고받고 사형될 수 있다는 협박을 받았기 때문이다. 위원들은 차례로 떨어져 나갔다. 결국 소크라테스 혼자 남아 실제로 우민 정치에 불과한 법정 촌극을 반대하고 여기에 아무런 역할도 하지 않으려 했다. 대단한 용기가 필요했을 것이다. 그래도 그는 다행스럽게 목숨을 부지할 수 있었다. 군 사령관들은 일괄적으로 유죄 선고를 받았다. 그 결과 여섯 명은 그 자리에서 사형에 처해졌다. (두 명은 도주했다.) 아테네의 정의가 이런 식으로 모욕을 당하는 상황에서 소크라테스 홀로 법치를 옹호했다.

그로부터 3년 후 소크라테스는 또 다시 도덕과 법이 사라진 상황에서 분연히 일어나 고독한 투쟁을 벌이게 된다. 아르기누사이 해전에서 승리한 이후 아테네는 또 다시 실패를 거듭하게 되었다. 잔인하고 오만하지만 뛰어난 능력을 갖춘 스파르타의 사령관인 리산드로스는 육지와 바다 모두에서 천하무적이었다. 기원전 405년 리산드로스는 아에고스포타미에서 남아 있는 아테네 해군을 대파했으며 피레에푸스항을 봉쇄해 아테네인들을 기아로 몰고 갔다. 결국 아테네인들은 이듬해인 기원전 404년 봄에 투항하고 말았다. 리산드로스는 아테네의 식민지와 동맹국을 점령한 뒤 기존의 아테네 식 민주주의 헌법의 효력을 정지시키고 대신 과두제 귀족들로 구성된 군사정부를 세웠다. 이 정부를 이끈 사람이, 소크라테스도 잘 알고 있으며 플라톤의 어머니의 사촌이기도 한 크리티아스였다. 그는 좀 더 온건한 반민주의자들을 이끌던 테라메네스와 함께 당시 아크로폴리스를 점령한 리산드로스에게 도움을 요청했다. 그러자 리산드로스는 민회에게 헌법의 효력을 정지시키고, 새로운 헌법을 제정하고 도시를 통치할 30인 과두정을 임명하도록 강요했다. 크리티아스를 수장으로 하는 30인 과두정은 독재권을 거머쥐었다. 그들은 자신들의 통제를 받는 새로운 집행부를 임명했고 10명으로 구성된 피라에우스의 운영위원회를 세웠고 모든 공직에서 민주주의자들을 배제했으며 사적이든 공적이든 정적에 대해서는 공포정치를 시행했다. 테라메네스는 새로운 민회를 구성해 정권에 합법성을 부여해야 한다고 크리티아스에게 간청을 했다. 그 결과 민회를 구성할 시민 3천 명의 명단이 작성되었지만 공표되지는 않았다. 결국 크리티아스는 테라메네스를 사형에 처하고 약 1천 500명에 달하는 유력한 반대자들도 함께 숙청해 버렸다. 일부는 추방되었지만 살아남은 사람들은 대부분 도주했다.

이리하여 제2차 세계 대전 중 나치 군대의 지원 하에 프랑스를 지배했던 비시 정부처럼, 아크로폴리스에 주둔해 있는 스파르타 군대를 등에 업은 비시 스타일의 정권이 아테네에 들어섰다. 이 모든 과정이 진행되는 동안 소크라테스는 분명히 분했을 것이다. 제자였던 크리티아스뿐만 아니라 플라톤의 외삼촌이자 소크라테스의 주요 협력자였던 카르미데스마저 새 정권에 참여했기 때문이다. 하지만 사형이 속속 시행되자 소크라테스는 공개적으로 이 판결이 부당하고 불법적이라고 주장했다. 크세노폰에 따르면 소크라테스는 30인 과두정 앞에 소환되어 젊은 층과의 대화를 즉각 중지하라는 말을 들었다. 그는 당연히 거부했고 크리티아스는 온갖 협박을 한 후 그를 보내 주었다. 크리티아스는 언제라도 소크라테스를 사형시킬 수 있었다. 그러나 그는 소크라테스를 정권에 참여시켜 도덕적 책임을 함께 지는 전술을 부렸다. 그는 소크라테스에게 다른 시민 네 명과 함께 살라미스의 부자인 레온을 붙잡아 그의 재산을 몰수하고 살해하라는 지시를 내렸다. 네 명은 명령에 복종했고 레온은 결국 살해되었다. 하지만 소크라테스만은 그런 잔혹행위를 거부한 채 집으로 돌아갔다. 그는 이제 체포되어 사형당할 일만 남았다고 생각했다. 다른 사람들처럼 아테네에서 도주할 수도 있었다. 하지만 그 무슨 말로도 그토록 사랑하는 도시를 떠나게 설득할 수는 없었다. 마침 그 해도 끝나 가는 무렵이었는데, 상황이 크리티아스에게 불리하게 돌아가기 시작했다. 그는 피레에푸스에서 자신의 권위를 확립할 수 없었다. 그곳에는 무장한 민주주의자들이 집결해 있었다. 그는 자신이 무엇을 할 수 있는지 확인하기 위해 직접 그곳으로 갔다가 트라시불로스의 지휘를 받는 망명자들과의 전투에서 목숨을 잃고 만다. 그의 협력자들은 온건주의자들에 의해 권력에서 물러났고, 새로 권력을 잡은 온건파는 민주주의자들과 협상에 들어갔다. 결국 기원전 403년 여름이 되자 민주주의 체제는 회복되었다. 30인 과두정의 잔당은 엘레우시스로 도주를 했고 3년 후 모두 몰살되었다.

결국 그리스 역사에서 끔찍했던 한 시기가 막을 내렸다. 이 사태로 소크라테스는 고립되고 충격을 받았지만 그의 명예만은 지킬 수 있었다. 하지만 어떤 점에서는 요주의 인물이 되어 버렸다. 그도 그럴 것이 아테네가 치욕을 맛본 시기에 시민들에게 그 고통의 주범으로 몰린 세 명의 정치가들 즉, 알키비아데스와 크리티아스, 카르미데스 모두와 관계를 가진 인물이었기 때문이다. 이 세 사람은 플라톤이 소크라테스에 대해 쓴 글에 주로 등장했다. 특히 카르미데스는 그의 이름을 딴 대화편이 있는데, 내용을 보면 그에게 정치에 입문하라고 격려한 사람이 바로 소크라테스였으며 이 사실이 잘 알려져 있었다. 나는 소크라테스보다 고작 아홉 살 연하인 크리티아스가 일반적인 의미의 제자였을 것 같지는 않다. 하지만 세 사람은 모두 그의 영향을 받았으며 이 사실 또한 확실히 알려져 있었다. 이제 세 사람이 모두 불귀의 객이 되었다. 하지만 그 누구도 엄밀히 말해서 아테네의 법이 정한 적법한 절차에 따라 처벌을 받지 않았다. 그러므로 정의는 실현되지 못했다. 우리는 이 대목에서 재판의 판결에 따라 사형을 당했거나 재판조차 받지 못한 채 살해된 아테네 시민 1천 500명을 기억해야 한다. 살아남은 그들의 가족들은 복수를 다짐하며 아우성치고 있었다. 그들에게 희생양으로 누구를 던져 주면 될까? 소크라테스는 어떤가? 그야말로 복수로 정의를 행해서는 안 된다고 주장했던 이가 아닌가? 보복주의가 틀렸다고도 하지 않았던가? 그가 처벌을 받아야 할 이유는 생각할수록 속속 나왔다.

아테네 사법 체계가 지닌 결함의 하나는 범법자를 고발할 때 공공의 이익과 사적 이해관계를 뚜렷하게 구분할 수 없다는 것이었다. 국가는 고발을 할 수 있고 그렇게 했다. 그런데 공익이라는 미명 하에 개인도 그렇게 할 수 있었다. 그런 일은 비일비재했다. 법은 공공범죄와 미국과 영국처럼 민사소송이 될 만한 범죄를 명확하게 가르지 않았다. 법으로 해결하려는 동기에 있어서도 공과 사의 차이를 둔 개별적인 법정도 따로 없었다. 소크라테스의 경우 만약 문제가 당국으로 넘겨졌다면 그는 아무 문제가 없었을 것이다. 국가는 육십 줄에 접어든 노인을 처리하는 일이 아니더라도 현안이 산적해 있었다. 아테네 정부조직의 법제에서 혁명과 반혁명이 벌어지지 않았는가. 민주주의자들은 재집권을 하자 스파르타와 그들의 꼭두각시인 30인 과두정에 의해 엉망진창이 되어 버린 아테네의 법체제부를 전부 개정하고 성문화하는 작업부터 시작했다. 이 작업은 기원전 400년이 되어서야 간신히 마무리되었다. 그 동안 살해된 희생자들의 가족들이 몰수된 재산을 회복하기 위해 벌인 소송들이 줄줄이 계류되어 있었다. 법정은 분노와 좌절로 뒤범벅이 된 소송 당사자들로 발 디딜 틈이 없었다.

그런데 아테네에는 소크라테스를 처벌하거나 적어도 그를 아테네에서 몰아내는 것이 자신들의 도덕적 의무라고 여기는 사람들이 있었다. 그 가운데 한 명이 아니투스였다. 그는 부유한 민주주의자로, 소크라테스를 고발하는 가장 고귀한 동기를 위해 동분서주하는 것이라고 주장했다. 플라톤은 『메논Meno』에서 아니투스를 교육을 잘 받은 남자라고 했다. 하지만 실상은 그렇지 못했다. 그는 소크라테스와 소피스트도 구분하지 못했다. 그런데 그는 소피스트들에게 강렬한 증오를 품고 있었다. 아마도 그는 아리스토파네스의 연극인 〈구름〉을 본 후 이런 오해를 품게 되었을 것이 확실하다. 그도 그럴 것이 이 연극에서는 소크라테스가 소피스트로 나오는 데다 수치스럽고 부정직한 행동으로 비난을 받기 때문이다. 이것이 바로 거짓된 내용을 멋대로 떠드는 '풍자'가 얼마나 위험한지 잘 보여주는 예이다. 아니투스는 자신의 주장과 달리 대쪽같이 정직한 인물과도 거리가 멀었다. 그는 한때 장군이었는데, 기원전 409년에 필로스(그리스 서남부에 위치한 항구도시–옮긴이)의 함락을 결국 막지 못했다. 그는 기소를 하겠다는 협박을 받고는 뇌물로 무마한 채 도주를 했다. 아마도 이런 이유로 그는 주요 고발자로 나서지 않았을 것이다.

대신 그는 이 소송에 비용을 부담하면서 대중 앞에는 주로 멜레토스라고 하는 젊은이를 내세웠다. 멜레토스는 광신도였다. 그는 '불경죄'라는 막대기로 자신이 생각하기에 올바른 종교적 열정이 부족해 보이는 유명 인사를 후려치기를 즐겼다. 그는 엘레우시스 제전 사건에서 알키비아데스의 공범이었던 안도키데스의 고발에 참가했다. 이때 그가 한 연설은 지금까지 전해지고 있으며 아칸소에서 발흥한 남침례교 근본주의자들에게 영향을 주었다. 세 번째로 이 사적인 고발에 참가한 사람은 리콘이었다. 리콘은 그가 '직업적인 웅변가'라는 소크라테스의 주장 외에는 아무것도 알려진 바가 없다. 정리하자면 소크라테스를 기소하는 데 앞장선 이 삼인조는 별 볼 일 없는 조무래기들에 불과했다. 디오게네스 라에르티오스가 기원후 2세기까지 보존된 고발장을 옮겨 적은 것으로 보이는데, 그것에 따르면 고발한 내용은 다음과 같았다.

> 피트후스 지방의 멜레토스의 아들 멜레토스는 알로페카에 지방의 소프로니스코스의 아들 소크라테스를 맹세하건대 다음과 같은 죄목으로 고발한다. 소크라테스는 먼저 국가가 경배하는 신들을 경배하지 않고 새롭고 낯선 종교를 들여오는 죄를 범했다. 둘째, 젊은이를 타락시키는 죄를 범했다. 그러므로 고발자는 그의 사형을 요구하는 바이다.

일견 과해 보일 수도 있는 이런 고발장은 기원전 5세기의 아테네에서는 전혀 특별한 것이 아니었다. 전쟁이나 정치, 사업에서 큰 성공을 거둔 유력한 시민들치고 법이 얽힌 분란을 피해 간 사람은 별로 없었다. 그리고 목숨으로 그 대가를 치러야 했다. 그런 사람들 가운데 좋은 쪽이든 나쁜 쪽이든 유명세를 얻은 사람들이 이런저런 방식으로 몰락한 몇 가지 경우를 예로 들어 보자. 이런 사람들을 한 명씩 꼽기 시작하면 끝이 나지 않을 것이다.

클레이스테네스는 아테네 민주주의의 창시자로 손꼽히는 인물이었지만 정적이었던 이사고라스에게 고발을 당해 추방되었다. 그는 아테네로 다시 돌아왔지만 말년에 대해서는 알려진 사실이 없는데, 아마 다시 추방되었기 때문일 것이다. 공공사업의 기획자이자 정치가와 장군으로 막강한 권력을 자랑했던 키몬은 뇌물죄로 고발되었지만 무죄 판결을 받았다. 그로부터 2년 후 결국 추방되었다. 망명생활을 한 지 4년 만에 그는 고향인 아테네에 돌아가게 해 달라고 애걸하는 처지가 되었다. 페리클레스는 횡령과 사기로 고발되어 재판을 받았다. 아리스테스는 델로스 동맹을 성공으로 결성한 주인공이었지만 기원전 483년에 추방되었다. 테미스토클레스 또한 유명한 아테네 정치가였지만 기원전 471년 추방되어 망명생활을 했다. 그는 (추측하건대) 아테네에서 인기가 없었던 그 어떤 사람보다 더 많은 도편(추방 여부를 결정하는 투표에 쓰였다. —옮긴이)을 받았다. 하지만 그도 법을 이용해 히파르쿠스와 메가클레스, 크산티포스, 아리스티데스 등을 몰아내었다. 페리클레스의 측근 가운데 화가이자 건축가였던 피디아스는 파르테논을 장식하기 위한 상아를 빼돌리고 불경하다는 죄목으로 고발을 당했다. 그는 결국 감옥에서 일생을 마쳤다. 아낙사고라스도 불경죄로 고발을 당해 람페두사 섬에 은신해야 했다. 프로타고라스는 고발로 인해 두 번이나 정치적으로 곤혹을 치러야 했다. 아스파시아도 고발을 당했지만 무죄를 선고받았다. 극작가이자 시인인 소포클레스도 고발을 당했다. 죄목은 불경죄였다. 에우리피데스도 마찬가지였다. 아스파시아와 페리클레스 사이에 태어난 아들 페리클레스도 기원전 406년 아르기누사이 전투 후 사형되었다.

폭력으로 최후를 맞이한 유력한 아테네 시민들도 많았다. 에피알테스는 기원전 461년에 살해되었으며 선동가였던 클레온은 암피폴리스에서 살해되었다. 크리티아스는 두 번이나 추방되었다가 전투 중에 사망했다. 알키비아데스는 암살되었다. 니키아스도 암살로 최후를 맞았지만, 그의 경우에는 아테네의 적이었던 시러큐스에 의한 것이었다. 박해받는 학자는 아테네만의 풍경이 아니었다. 피타고라스는 목숨을 부지하기 위해 사모스에서 크로톤으로 도주해야 했다. 그 후에는 메타폰툼으로 도망을 쳤다. 기원전 5세기에는 그런 일들이 끊이지 않았다. 아리스토텔레스는 불경죄로 고발당하자 "아테네가 다시 한 번 철학에 죄를 범하게 만들고 싶지 않다."며 자청해서 망명을 떠났다.

아리스토텔레스는 당연히 소크라테스가 고발을 당해 유죄 판결을 받아 사형에 처해졌던 일을 떠올렸던 것이다. 이 사건을 처음부터 끝까지 설명하는 기록이 남아 있다. 안타깝게 재판 과정 전부는 아니지만 그의 변론 내용과 그 후에 벌어진 상황, 그의 죽음에 대한 기록은 남아 있다. 그리고 이번만큼은 그 기록을 신뢰할 수도 있다.

재판과 소크라테스의 죽음은 고대, 아니 인류 역사를 통틀어 도덕과 관련된 가장 중요한 사건의 하나이다. 어떤 면에서는 고대에 벌어진 사건치고는 기록이 꽤 풍부하게 남아 있지만 그래도 우리가 아는 사실은 턱없이 부족하다. 투키디데스가 그때까지 살아 있어서 전체 상황을 깊이 사유하고, 연속적이고 정확하면서도 본질을 꿰뚫는 기록을 남기지 못했다는 사실은 생각하면 할수록 안타깝고 원통하다. 대신 우리에게는 플라톤이 평소와 다름없이 문학적 묘미를 살려 기록한 책 네 권이 있다. 특히 소크라테스의 최후 몇 시간을 묘사한 부분을 보면 천재성이 유감없이 발휘되어 있다. 하지만 사실과 (소크라테스에 대한 자신의 생각이) 전이된 부분, 사람보다 사상을 우선하는 짜증스러운 '데포르마시옹 프로페시오넬Déformation Professionelle'이 어김없이 나타나 있다. 그의 기록에는 재판에 대한 전체적인 기록과 플라톤 자신이 재판에 대해 어떻게 생각했는지가 빠져 있다.

첫 번째 책인 대화편 『에우티프론Euthyphro』은 재판이 열리기 전의 상황을 다룬다. 이때 소크라테스는 느닷없이 자신이 불경죄로 곧 재판을 받게 된다는 사실을 알고는, 자신이 불경죄가 무엇인지, 또는 독실함이 무엇인지 모른다는 사실을 깨닫는다. 그리고 그 단어의 정의를 모색하기 시작한다. 대개 그렇듯이 자신의 질문법으로 불경스러움의 의미를 모색하던 소크라테스는 좌절하고 만다. 신에게 재물을 바쳐 소원을 빌거나 기쁘게 하려고 안달이 난 사람들은 이런 식의 독실한 행동이 실용적으로 어떤 의미가 있는지 혹은 왜 신은 그런 제물을 원하는지 설명하지 못했다. 소크라테스는 이런 상황에서 발생하는 온갖 혼란과 당혹감만 보여줄 뿐이다. 소크라테스는 본능과 이성에 따라 일신교를 믿었다. 인간의 영혼은 지상에서 순수하고 덕스러운 삶을 살 때 전지전능한 신에게 기쁨을 줄 수 있으며 이것이야말로 우리가 주목해야 할 유일무이한 신을 향한 희생의 형태라고 (이 희생에는 육욕과 모든 형태의 방종을 자제하는 것도 들어간다.) 훌륭하게 주장을 펼칠 수도 있다. 하지만 이런 주장을 내세워 봤자 그를 법정에 고발한 적들에게 적의만 불러일으킬 뿐이었다. 그래서 그는 이런 노선을 택하지 않기로 한다.

그 다음이 『변론』으로, 말 그대로 소크라테스가 재판에서 자신을 변호하기 위해 한 말들을 모은 책이다. 플라톤도 재판을 방청했기 때문에 여기에 실린 글들이 대체로 정확하게 기록되었다고 추측해야 한다. 이 대화편에는 소크라테스가 근소한 표 차이로 유죄 평결을 받은 후 한 발언과 사형에 대해 그의 법적인 권리로 다른 처벌을 제안한 이야기가 담겨 있다.

세 번째 대화편은 수감 중에 절친한 친구들 가운데 한 명이었던 크리톤과 나눈 대화가 담겨 있다. 크리톤은 자금을 마련해서 소크라테스가 사형을 피해 잠시 동안이라도 망명생활을 할 수 있는 방법을 마련해 보려고 애를 썼다. 여기에는 소크라테스가 크리톤의 제안을 거절한 이유와 함께 아테네의 법에 복종함으로써 아테네의 위엄과 주권을 지키겠다는 그의 결심이 담겨 있다.

마지막 책은 소크라테스가 이 세상에서 마지막으로 보낸 몇 시간에 대한 기록이다. 여기에는 영혼의 불멸성과 죽음의 본성에 대한 주장이 담겨 있다. 그 이후에는 독배를 마시고 저세상으로 떠나는 장면이 나온다. 플라톤은 스승의 최후를 함께하지 못했지만 대신 그 자리에 누가 있었는지는 알았다. 덕분에 그의 기록은 소리 죽인 천둥 같기는 하지만 진실의 울림이 들어 있다.

투키디데스의 기록이 없으므로 즉, 그 누구와도 비교할 수 없이 뛰어난 동기와 역사적 배경에 대한 분석이 없으므로 소크라테스의 최후에 대한 여러 측면은 영원히 수수께끼로 남을 것이다. 재판은 기원전 399년 늦은 봄이나 이른 여름에 열렸다. 그 무렵 아테네는 여전히 스파르타의 승리와 점령으로 구성된 30인 과두정의 독재 때 발생한 잔인하고 유혈이 낭자했던 사건들의 소용돌이에 휘말려 있었다. 이 잔인한 정권 하에서 1천 500명이나 되는 저명한 시민들이 목숨을 잃었는데, 이 정도면 아테네 전체 남자 시민에서 상당한 비율이었다. 게다가 공공 활동에 적극적으로 참여하는 시민의 수로 보면 그 비율은 눈에 띄게 높아졌다. 재판이 열릴 무렵에는 민주주의와 법치주의가 회복된 지

3년이 지났지만 법정은 30인 과두정 시절 자행된 끔찍한 비극에서 비롯된 소송으로 여전히 정신이 없었다. 특히 재산을 몰수당했거나 시민권을 박탈당해 복권을 요청하는 사람들의 소송이 끊이지 않았다. 이런 상황에서 많은 이들의 눈에는 단지 경솔한 행동에 불과했던 소크라테스에 대한 고발이 재판으로 이어진 것은 놀라운 일이 아닐 수 없었다. 안타깝게도 아테네의 민주주의에는 법무장관이라는 직위가 없었다. 가령 영국과 미국에는 법무장관이 국법을 다루는 주요 공무원으로 공공의 이익에 반하는 법적 소송이라고 판단될 경우 거부권을 행사할 수 있다. 아테네의 법정에는 영국과 미국처럼 고발 내용을 듣고 부당하거나, 경솔하거나, 조리에 맞지 않다고 판단할 주재 판사도 존재하지 않았다. 소크라테스 사건을 어떤 식으로 조사하든 아테네의 법적 체계가 심각한 결점을 안고 있다는 사실만 드러날 것이다.

소크라테스의 생각도 그러했을 것이다. 하지만 소크라테스는 처음부터 끝까지 아테네의 시민으로 그곳의 법에 전적으로 복종해야만 하므로 그에 따르겠다는 입장을 견지했다. 기회가 생길 때마다 그는 이렇게 말했다. "나는 나를 여자가 아닌 남자로, 야만인이 아닌 그리스인으로, 외국인이 아닌 아테네인으로 만들어 주신 신께 감사한다." 아테네를 향한 그의 사랑은 끝이 없었다. 그러므로 아테네의 거리를 자유롭게 활보하고 만나는 사람들과 대화하고 토론하는 특권에 그가 부여한 가치는 그의 삶과 행동의 원천이었다. 그는 아테네 없이는 살 수 없었다. 그래서 망명은 고려하지도 않았다. 소크라테스에게 아테네는 목숨이나 다름없었다.

그러므로 소크라테스는 아테네의 법과 민주주의가 완벽하게 타당한 근거를 가지고 표출된 것이 자신의 재판이라고 여겼다. 수많은 사람들이 재판이 열리기 전에 모습을 감추어 외국으로 도피하라고 설득했다. 하지만 그는 그런 행동을 생각조차 할 수 없었다. 그는 재판에 대비해 아무런 준비도 하지 않았다. 법에 일가견이 있는 사람에게 자문을 구하지도 않았고 자신을 대변해 줄 사람을 고용하지도 않았다. 그의 수사학 스승인 디오티마는 이미 죽은 사람이었다. 친구이자 설득 수사학의 전문가였던 아스파시아는 설령 연로한 나이였어도 아직 살아 있었지만 이 무렵 소크라테스와 관계가 있었다는 증거는 없다. 우리가 아는 한 그는 누구에게도 자문을 구하지 않았다. 소크라테스는 진정한 겸손함과 완고한 자존심이 결합된 신기한 인물이었다는 사실을 인정해야 한다. 그는 지식이나 덕에 관해서라면 결코 자신을 내세우지 않았다. 한편 자신의 행동이 정당하다고 믿었으므로 자신에게도 불공평한 행동을 하지 않으려고 했다. 그는 신으로부터 사람들에게 질문을 해 일깨워 주라는 사명을 받았다고 믿었다. 지상의 어떤 권력도, 그의 자유나 목숨을 빼앗겠다는 어떤 위협도 신으로부터 받은 사명을 추구하는 그의 의지를 꺾을 수는 없었다.

그의 재판을 둘러싼 정황을 살펴보면 그에게 불리하기 짝이 없었다. 그는 500명이나 되는 배심원단 앞에서 공개적으로 변호를 해야 했다. 게다가 그의 친구들과 아무런 도움도 되지 않는 호기심에 찬 구경꾼들까지 더해져서 수많은 군중이 재판에 모여들었다. 21세기 초반을 살아가는 우리가 가장 하기 어려운 일의 하나는 2500년이라는 시간을 거슬러 올라가 다양한 문화적, 정치적 선입견을 갖고 있지만 많은 면에서 지방의 중소형 도시와 같은 편협한 사고방식을 가진, 인구가 15만을 넘지 않는 도시의 사람들의 사고방식을 재현하는 것이 아닐까. 아테네 사람들은 대부분 서로 아는 사이였다. 적어도 안면은 있었다. 그렇게 아는 사이다 보니 온갖 가십과 뜬소문, 미신, 선입견이 판을 칠 수밖에 없었다. 아테네 사람이라면 누구나 소크라테스에 대해 소문을 들었다. 그들 가운데 수많은 이들이 이 철학자가 도시를 돌아다니는 모습을 보았다. 사람들은 그를 '영리하다'고 여겼다. 소크라테스도 여러 차례 언급했듯이 아테네 사람들은 어떤 사람을 단지 영리하다는 이유만으로 싫어했다. 영리하다는 것은 적어도 욕설이나 학대는 아니더라도 의심을 사기 좋은 조건이었다. 소크라테스는 영리하지 않아? 그런데 왜 누더기를 걸치고 신발도 없이 돌아다니지? 뭔가 꿍꿍이가 있어, 안 그래?

물리적으로 보자면 소크라테스의 재판은 19세기 중후반 미국 중서부에서 열린 마을 주민회의 정도로 상상을 하면 될 것이다. 사안은 이론적으로 한 남자의 목숨이 걸려 있다는 점에서 무척 중요했지만 아마 그 회의로 어느 것도 거둘 수는 없었을 것이다. 다른 측면에서 보자면 그의 재판은 특별할 것이 아무것도 없는 일상적인 사건이었다. 소크라테스는 늘 대화를 했다. 다만 이야기를 나누는 사람들의 수는 적었다. 그는 웅변가처럼 쩌렁쩌렁하게 목소리를 내지 않았다. 나는 500명이 넘는 청중을 대상으로 세계 각지에서 연설을 해 보았지만 아무 문제도 없었다. 내게는 항상 마이크가 있었으니 말이다. 소크라테스는 자신의 목소리 외에 아무것도 없었다. 뛰어난 음향조건을 갖춘 에피다우로스 극장에서 이야기를 한 것도 아니었다. 그가 이야기를 한 장소는 먼지가 풀풀 날리는 아크로폴리스 어느 구석의 불편한 야외일 뿐이었다.

배심원단은 크게 세 부류로 나눌 수 있었다. 3분의 1은 그를 알고 실제로 만나 이야기를 나눴고, 그가 한 혹은 하지 않은 이야기를 알아듣고 그가 전혀 위험하지 않은 인물이라는 사실을 잘 알았다. 그러므로 그들은 법정에서 소송을 진행하는 수고를 치르지 말고 그에게 무죄를 선고하라고 투표를 했다. 또 다른 3분의 1 역시 소크라테스를 알거나 소문을 들어 알고 있었지만 어느 정도 거리감이 있었다. 그들은 아리스토파네스가 소크라테스를 그린 연극 〈구름〉을 알거나 직접 보았다. 이 연극은 25년 전에 초연되었지만 그 후로도 간간이 무대에 올렸을 것이기 때문이다. 그 연극 속에 담긴 적대감과 거짓은 소크라테스가 쓰레기이자 골칫덩어리라는 선입견에 계속 숨을 불어넣었다. 아주 영리해, 그래, 맞아, 아주 영리하지. 소크라테스를 공격하는 연극은 계속 이어졌다. 개중에는 희극도 있었는데, 대본은 전해지지 않는다. 소크라테스에 대한 오명은 좀처럼 사라지지 않은 채 오랫동안 이어졌다. 나머지 3분의 1은 소크라테스에 대해 아무런 견해도 없었을지 모른다. 하지만 그들은 아마 그를 싫어했을 것이다. 단지 '영리하거나' 그렇게 알려져 있다는 이유만으로 말이다. 당시 처리해야 할 중요한 현안이 널려 있었는데, 왜 사람들은 소크라테스를 법정에 세우지 못해 안달이었을까? 이 사람들은 아마 재판과정을 제대로 듣지도 않았을 것이다. 그게 아니라고 해도 그런 상황에서 소크라테스의 말을 똑똑히 듣기는 힘들었을 것이다. 그가 몇 번이나 자신의 말을 방해하지 말라고 불평을 한 것을 보면 말이다.

그가 자신을 변호하기 위해 한 말도 그에게 적대적인 편견을 품고 있는 배심원을 설득하거나 그에게 무관심한 사람들의 마음을 끌어당기기에 역부족이었다. 강약을 조절한 섬세함을 내세운 강력한 설득력은 벌떼처럼 모인 청중에게는 쓸모가 없었다. 그가 습관적으로 쓰는 반어법도 결점으로 작용했다. 그가 쓸 수 있는 최고의 전략이자 전문적인 변호사들이 분명히 권했을 방법은 흠잡을 데 없는 증인들을 계속해서 불러내 첫째, 소크라테스가 아테네의 종교의 외형을 준수하고 있으며 둘째, 사람들이 덕을 바탕으로 한 시민 원칙을 잘 따르도록 지도했다는 사실을 입증하게 하는 것이었다. 이것은 그리 어려운 일이 아니었다. 그런데도 소크라테스는 이렇게 하려 들지 않았다. 그것은 평생 50년이 넘는 세월 동안 실천해 온 신념에 대해 오해를 불러일으킬 수 있다는 점에서 그의 평생의 원칙에 반하는 행동이었다. 그는 종교를 겉으로 준수하는 일에 대해 조금도 관심이 없었다. 그는 종교의 내적인 면이 더 중요했다. 그는 노인들은 말할 것도 없고 청년들에게 시민의 덕이나 다른 어떤 것에 대해서도 지도하지 않았다. 그의 목적은 질문을 던져 그들이 스스로 생각하는 법을 깨우치도록 돕는 것이지 가르치는 것이 아니었다.

소크라테스가 아둔한 아테네의 군중 배심원단에게 자신이 하려고 한 일을 설명하려고 한 시도는 두 가지 면에서 위험천만한 행동이었다. 첫째, 그러기 위해서는 신에게서 들은 내면의 목소리에 대해 털어놓아야 했다. 그 목소리는 그가 이해한 대로 철학을 행하라는 사명을 내려주었다. 이 말은 그 자체로 그가 무신론자가 아니라는 것을 충분히 입증했다. 소크라테스는 멜레토스에게 반문하여 이 어린 광신자가 사실상 자신을 무신론자라고 기소했음을 알아냈고, 이것으로 고발장의 첫 번째 부분을 반박했다. 그러나 배심원들은 그 점에 대해서는 크게 관심이 없었다. 그들이 주목한 점은, 물론 나쁜 의미의 주목인데, 소크라테스가 특별한 신의 인도를 받았다는 주장이었다. 그런 경험을 한 적이 없는 평범한 사람들은 신성에 이르는 개인적인 길이 있다고 주장하는 사람들의 이야기를 별로 좋아하지 않았다. 그들은 그런 이야기를 건방지고 오만하다고 받아들일 뿐이었다. 그들은 이런 주장을 하는 사람들이 사회에 해를 끼치기 쉽다고 느꼈다. 특히 소크라테스가 자신을 변호하면서 말한 것처럼 특별한 신의 목소리가 기존 도시의 신들의 질서를 포함해 다른 어떤 것보다 우선한다고 받아들이는 사람이라면 더욱 말이다. 이 대목에서 사람들은 소크라테스의 유죄를 확신한 것 같다. 그래서 그가 전통적인 아테네의 신들을 버리고 그에게만 헌신하는 새로운 신들 혹은 신을 모신다고 믿어 버린 것이다.

두 번째는 그에게 더 불리했는데, 소크라테스는 델포이의 여자 예언자가 들려준 오래된 이야기를 계속 끄집어냈다. 그 이야기는 아테네에서 소크라테스보다 더 현명한 사람은 아무도 없다는 것이었다. 배심원들 중에는 이 이야기를 들은 사람도 있고 못 들은 사람도 있었다. 그런데 들었든 못 들었든 소크라테스가 그 이야기를 자신을 재판하는 상황에서 또 다시 꺼내자 놀라지 않을 수 없었다. 또 다시 사람들은 그를 교만하고 둔한 사람이라고 느꼈다. 물론 플라톤의 저술을 통해 소크라테스의 사상의 흐름을 전체적으로 꿰고 있는 우리는 그가 신탁을 거론한 목적을 분명히 알 수 있다. 또한 그런 시도에 찬탄을 금할 수가 없다. 그것은 그의 철학사상의 핵심이었다. 적어도 그는 자신이 아무것도 모른다는 사실을 잘 알고 있었다. 소크라테스는 동포 아테네인들에게 무엇이든 지혜를 지니고 있는지 그리고 아무것도 모른다는 사실을 인식하고 있는지 되짚어 보도록 했던 시도를 배심원들에게 설명했다. 굳이 배심원들에게 그런 설명을 한 이유는 다름 아닌 여자

예언자에게 영감을 준 신의 명예를 옹호하려는 것이었다. 그는 이렇게 결론을 내렸다. 그 예언자는 결국 진실을 말한 것이었다. 왜냐하면 자신이 아무것도 모르는 것을 인정함으로써 즉, 아무런 지혜가 없다는 사실을 받아들임으로써 그는 아테네에서 특별해졌으며, 불쌍할 정도로 무지하다는 사실을 그렇게까지 받아들이고 인정함으로써 그는 실제로 아는 것보다 더 많이 안다고 생각하는 동포 아테네인들보다 더 지혜로워졌기 때문이다. 그러나 배심원들 대부분은 이러한 논거에 숨은 역설과 정교함을 이해할 능력이 없었다. 그들은 아마 소크라테스가 자화자찬을 하는 새롭고 지긋지긋한 방법을 찾아냈을 뿐이라고 여겼을 것이다. 어차피 다 아는 사실 아니야? 소크라테스야 될 대로 되라지! 그래, 소크라테스는 원래 아테네에서 제일 똑똑한 인간이잖아, 안 그래? 이제, 아테네 배심원들은 '그' 주장을 어떻게 알아들었는지 보여줄 차례였다.

소크라테스의 친구들 중 몇몇은 그의 변론을 들으며 그의 공평무사한 태도 탓에 적들의 손아귀로 넘어가는 모습을 보며 흠칫 놀랐을 것이다. 특히 소크라테스가 모든 수사법 중에서도 가장 위험한 반어법으로 자신의 변론을 포장했다는 사실에 충격을 받았을 것이다. 그런데 아무리 봐도 소크라테스의 변론이 부적절하기는 했지만 정작 유죄 판결은 그런 것과는 아무 관계도 없었다. 그를 파멸로 몰아간 것은 바로 크리티아스와 알키비아데스, 이 두 이름이었다. 두 사람은 모두 아테네에서 증오의 대상이었다. 알키비아데스는 부유하고 미남이고 경솔했으며 허풍과 만용으로 가득했고, 악마처럼 오만했고, 몹시 매력적이었으며 한없이 사악한 인간이었다. 그는 아테네를 자신의 발치에 두고 아테네의 기나긴 역사상 가장 위험한 군사행동을 시작하도록 몰고 갔다. 그는 사악하고도 유치한 태도로 아테네가 모시는 신을 위한 가장 신성한 의식인 엘레우시스 제전을 모독했다. 그로 인해 규탄을 당하자 곧장 스파르타로 도주해 아테네를 배신했다. 어떻게 하면 아테네를 효과적으로 공격할 수 있는지 조언을 한 것이다. 하지만 사면을 받고 복귀한 후 얼마간 성공을 거두나 했지만 또 다시 실패한 후 또 다시 미심쩍은 망명생활을 하다가 스파르타와 손을 잡은 페르시아인들에게 살해당했다.

기원전 460년에 태어난 크리티아스는 알키비아데스보다 10년이나 연상이었다. 그러면서도 알키비아데스가 종교를 모독할 때나 정치를 할 때 그를 추종하거나 협력하곤 했다. 크리티아스는 작가이자, 시인이자, 극작가였다. 지금은 사라지고 없는 여러 작품 중 몇 작품은 한때 에우리피데스의 것으로 여겨지기도 했다. 알키비아데스가 민주주의와 포퓰리즘에 치우친 경향이었던 반면 크리티아스는 귀족들과의 관계를 자랑스럽게 여겼던 엘리트주의자였다. 그래서 기원전 404년에 아테네가 항복했을 때 그는 아테네로 돌아와 스파르타에 우호적인 30인 과두정을 열렬하게 지지했다. 그리고 그들의 잔혹행위에 가담해 중요한 역할을 수행했다. 크세노폰의 기록을 보면 그는 그 30인 중에서도 극단주의자들의 지도자였다. 그래서 그 정권의 집권 기간을 연장하기 위해 처절하게 몸부림치다가 기원전 403년 봄에 민주주의자들과 전투를 벌이던 중 전사하고 말았다.

기원전 399년 알키비아데스와 크리티아스는 아테네에서 가장 증오하는 두 사람이었다. 하지만 그들은 이미 불귀의 객이 되어 버렸고 아테네인들이 당한 것을 되갚아 줄 방법이 없었다. 게다가 두 사람의 협력자들, 특히 크리티아스의 협력자들은 여전히 목숨을 부지하고 자유를 누리고 있었다. 그들은 아니투스와 온건한 민주주의자들이 기원전 403년에 상처를 치유하고 산산조각이 난 도시의 정치적 합의를 회복하기 위해 통과시켰던 사면 법령의 도움을 받은 것이다. 아니투스가 크리티아스와 알키비아데스의 죄를 묻기에 적절한 죄인을 찾아 합당한 징벌을 내려야 한다며 자신의 진영으로부터 압박을 받은 것은 바로 이런 사면령이 진짜 책임자를 처벌할 수 없도록 억제하는 역할을 했기 때문일 것이다. 이런 사정에서 아니투스는 소크라테스를 공격하고 소송비용을 대기로 결정을 내릴 수밖에 없었다.

소크라테스는 기원전 404~기원전 403년에 벌어진 사태에서 아무런 역할도 하지 않았다. 그러므로 사면의 대상에도 들지 않았다. 그가 한 일은, 아주 오래 전에 아리스토파네스의 〈구름〉에서 묘사되었거나 그보다 더 질이 나쁜 종류의 불경스럽고 부도덕한 사상을 크리티아스와 알키비아데스에게 주입하고 두 사람을 가르치며 대량학살과 배신과 같은 끝내 사악한 열매를 낳을 사악함의 씨앗을 뿌린 것이었다. 혹은 그렇게 했다고 사람들은 믿고 있었다. 나는 이런 생각이 결국 소크라테스의 고발을 이끌어 낸 직접적인 원인이라고 확신한다. 모든 이의 증오를 한 몸에 받았던 이 둘을 일반적인 의미로 소크라테스의 제자라고 부를 수나 있을지 몹시 의심스럽다. 하지만 한때나마 두 사람은 소크라테스와 두터운 친분을 유지했다. 그래서 알키비아데스는 소크라테스와 그의 지혜를 존경하는 마음을 공개적으로 뽐냈다. 크리티아스는 플라톤의 친척으로 플라톤은 소크라테스의 애제자였다. 그러므로 크리티아스와 소크라테스가 계속 우정을 유지했다는 사실을 쉽게 보여줄 수도 있었다. 혹은 사람들은 쉽게 그렇게 믿어 버릴 수 있었다.

바로 여기서 우리는 소크라테스가 정치를 멀리한 또 다른 치명적인 결과와 조우하게 된다. 그는 친밀한 친구들을 대상으로 개인적인 경우를 제외하면 아테네의 정치와 지배자들에 대해 단 한 번도 논평을 한 적이 없다. 그는 페리클레스와 그의 정권에 대해서도 공식적인 기록으로 남을 만한 말을 하지 않았다. 이들에게 동조하는지 하지 않는지조차 한 마디도 없었다. 그는 펠로폰네소스 전쟁을 지지하는지 반대하는지에 대해서도 입을 다물었다. 알키비아데스의 방종함도, 그의 성공에 대한 찬사나 어리석은 행동과 실패에 대한 비난조차 직접 논하려 들지 않았다. 우리가 아는 한 소크라테스는 아테네의 몰락과 극악무도한

30인 과두정에 대해 공개적인 논평을 단 한 번도 하지 않았다. 그는 이 끔찍한 몇 달 동안 아테네에 남는 편을 택했을 뿐이었다. 레온의 살해에 어떤 식으로도 가담하기를 거부한 것도 사실이다. 하지만 그 직후 집으로 돌아가 해외로 도주해 반대파인 민주주의자들에 합류하지 않고 처벌을 기다렸다는 것은 그에게 불리하게 작용할 수 있었다. 설령 아테네인들의 피로 얼룩진 때라 할지라도 그가 아테네의 거리에 얼마나 애착을 갖고 있는지 이해하는 이가 거의 없었기 때문이다.

이런 이유로 인류 역사에서 소크라테스는 공식적인 재판의 역사상 최초로 연관성만으로 유죄 판결을 받은 사람이라고 말할 수도 있다. 그는 크리티아스와 알키비아데스를 친구로 두었다. 그래서 그들을 가르친 적이 없다고 부정했음에도 불구하고 법정이 납득할 만한 정도는 아니었다. 결국 그는 유죄 판결을 받았다. 배심원의 수를 고려해 보면 평결은 아슬아슬했다. 유죄에 표를 던진 배심원은 총 280명이었고 무죄에 표를 던진 배심원은 220명으로, 60표 차이였다. 아테네 법에 의하면 피고는 고발을 한 삼인조가 주장했던 사형에 대한 다른 형벌을 제안할 수 있었다. 소크라테스를 잘 몰랐던 사람들은 그가 추방을 택할 것이라고 여겼다. 하지만 소크라테스는 다음의 두 가지 이유로 도저히 추방만은 받아들일 수 없었다. 첫째, 아테네를 떠나야 했기 때문이었다. 그가 보기에 이것은 사형보다 더 끔찍한 처벌이었다. 둘째, 그가 제안한 대안을 법원이 받아들이게 된다면 추방이 될 확률이 높았는데, 소크라테스의 입장에서는 평결의 정당성은 물론 애초에 그를 고발했던 모든 상황이 정당했다고 인정하는 것이나 다름이 없었다.

그리하여 소크라테스는 친구들의 충고에도 불구하고, 혹시라도 자문을 구했을지 모르겠지만, 도전적인 역제안을 내놓았다. 이 제안은 그가 보기에 두 가지 장점이 있었다. 첫째, 그는 자신의 입장을 유지할 수 있었다. 즉, 젊은 층을 비롯해 아테네 시민들을 철학적으로 돌봐 온 행위가 고국 아테네에 긍정적인 도움을 주었으므로 처벌이 아니라 보상을 받아야 한다. 둘째, 이런 대담한 제안은 달콤한 아이러니의 일부였으며 그가 평소에 즐겨 쓰는 코믹한 어조로 할 수 있었다. 그는 자신의 노력으로 아테네에 좋은 일을 했다는 관점에서 자신이 올림픽 경기의 승자나 아테네에 유례없는 봉사를 한 장군이나 제독, 정치가처럼 대접을 받아야 한다고 주장했다. 또한 프리타네이온(고대 그리스의 공관으로 행정관의 회의장 · 오락장 · 외국 귀빈의 숙사 따위로 사용했다. – 옮긴이)에서 성대하게 차린 만찬으로 보상을 받아야 한다고도 했다. 이것은 그가 평생 거의 받아 본 적이 없는 특혜일 것이었다.

이런 제안은 충격을 주기 위한 것이었는데, 정말 충격을 주기는 했다. 그것도 주로 그의 지지자들에게 말이다. 그 제안은 마치 법정과 평결을 경멸하는 것처럼 보였다. 지지자들의 경악에 가까운 반응을 보자 소크라테스는 전술을 바꾸었다. 그는 죗값을 치르겠다는 제안을 했다. 벌금을 내겠다고 한 것이다. 그가 제시한 액수는 1므나로, 그가 가진 전 재산이었다. 그는 법원이 벌금으로 적절한 액수라고 인정한다면 친구들이 돈을 보태 주어 더 큰 액수를 낼 수도 있다고 덧붙이며 30므나를 제시했다. 그가 머리를 잔뜩 굴려 생각해 냈을 이 액수는 무시할 만한 정도가 아니었다. 그가 알기에 1므나가 있으면 시장의 새 원고 서점 가운데 한 곳에서 제본이 잘 된 희곡 한 편이나 역사서, 호메로스의 시를 살 수 있었다. 30므나만 있으면 중산층 신부의 지참금으로 충분했다. 하지만 그 정도의 벌금은 일반적으로 사형을 대신할 만한 중벌로 여겨지지 않았을 것이다. 그러므로 므나로 벌금을 내겠다는 제안은 모욕으로 비쳤을 것이다. 마치 공개적인 테이블에 영원히 한 자리를 차지하겠다는 요구를 역설적으로 이렇게 주장하는 것 같았다.

소크라테스는 이 대목에서 뻔뻔한 것이 아니라면 경솔한 태도로 심각한 판단착오를 저질렀다. 이 실수는 그의 판결을 내린 투표수에 곧장 영향을 미쳤다. 소크라테스를 지지했던 배심원 80명이 고발자 쪽으로 돌아서 버린 것이다. 결국 360 대 140이라는 압도적인 표 차이로 사형을 언도받았다. 소크라테스가 자신에게 등을 돌린 아테네의 여론을 직면하고 동요했을까? 진실을 알 수는 없지만 그는 겉으로는 그런 감정을 드러내지 않았다. 재판이 열린 기나긴 하루 동안 그의 태도는 내내 침착하고 여유로웠다. 그는 철학을 소명으로 생각하는 사람이 응당 행동해야 하는 대로 행동했으며 자신의 패배도 철학적으로 받아들였다. 재판이 끝난 후 그는 충분한 시간 동안 자신의 지혜 혹은 지혜의 부족에 대해 숙고했다. 아테네의 관습에 따르면 사형은 선고가 난 후 그 다음 날 집행되어야 한다. 그런데 정화의식기간 중에는 사형을 집행하지 않았다. 마침 재판 하루 전날 테세우스가 아테네를 구해 준 것을 매년 기념하는 정화기간이 시작되었다. 이런 신성한 신화에 대해 아테네인들은 델로스 섬에 있는 아폴론 신전에 축성한 배를 보내 보답을 했다. 그러므로 그 배가 돌아올 때까지 정화기간은 계속되었고 사형은 연기될 수밖에 없었다.

소크라테스의 부유한 친구였던 크리톤은 법원에 자신이 보석금을 낼 테니 배가 돌아올 때까지 소크라테스를 풀어 달라고 했다. 하지만 법원은 그 요청을 거부했다. 그는 도시 감옥에 구금되었으며 밤에는 도주를 하지 못하도록 족쇄를 차고 있어야 했다. 젊은 시절 전장에서 아테네를 위해 명예로운 활약을 했고 평생 공공의 평화에 그 어떤 위협도 가하지 않은 칠순 노인에게 가해진 치욕스러운 조치를 보면 잔인하다는 생각밖에 들지 않는다. 하지만 시대가 잔인한 시대였다. 전쟁에서 패하고 스파르타의 점령을 받고 과두정의 공포정치가 이어졌으며 그들을 제거하기 위한 내전이 벌어지면서 평소 아테네의 자신만만하고 느긋하던 분위기는 자취를 감추었다. 가장 유명한 철학자가 사형을 앞두고 족쇄를 차고 투옥되었다는 사실은 한때 자긍심 드높았던 도시가 증오와 죄의식, 복수심에 유폐된 심리적 위기를 보여주는 증거였다. 공평하게도 당시 아테네 가구 대부분이 그 무렵 3~4년 동안 이어진 폭력으로 신음하고 있었다. 아테네인들은 여전히 살해된 아버지나 형제나 아들로 인해 비탄에 잠겨 있었다. 아테네의 분위기는 원초적이고 씁쓸하고 야만적이었다. 이렇게 민심이 흉흉했기 때문에 한때 문명 사회의 중심이었던 아테네가, 아리스토텔레스가 "철학에 대한 범죄"라고 부른 잘못을 저지르는 것도 가능했던 것이다.

소크라테스를 구금하고 밤에는 족쇄를 채우라는 공식적인 결정은 낮 동안 방문자를 제한하지 않겠다는 결정으로 어느 정도 상쇄되었다. 아테네는 물론 그 너머에서도 죽음을 목전에 둔 저명한 철학자를 만나고 이야기를 나눌 기회를 놓치지 않으려는 사람들의 발길이 끊이지 않았다. 델로스 섬으로 떠났던 배가 역풍을 맞아 귀국이 한 달이나 연기되자 소크라테스는 그 시간을 가장 유쾌하게 보낼 수 있었다. 그를 존경하고 사랑했던 사람들과 그가 중요하게 여기는 문제들 즉, 덕과 지혜, 영혼, 죽음에 대해 질문하고 대화를 나눌 수 있었기 때문이다.

그는 감옥에서 다른 일들도 했다. 그는 시를 썼다. 아폴론을 찬양하는 송가나 찬가를 작곡하기도 했다. 이솝의 우화를 운문으로 옮겨 보기도 했다. 소크라테스는 지금껏 그에게 낯선 분야였던 이런 일을 하는 이유를 이렇게 설명했다. 그가 늘 꾸는 꿈이 있는데, 꿈속에서 그는 '음악을 하도록' 명령을 받은 듯한 모습을 하고 있다는 것이다. 그는 이 꿈을 '철학을 하는 모습'으로 늘 해석했다. 왜냐하면 지혜를 구하는 과정이야말로 최고의 음악이기 때문이다. 그런데 그 꿈을 또 꾸었지만 이제 감옥에 갇혀 자신이 늘 추구하던 철학을 할 수 없게 되고 말았다. 그래서 그는 꿈을 좀 더 문자 그대로의 의미로 받아들여야 한다고 생각하게 되었다. 즉, 언어의 음악을 만드는 것으로 말이다.

사실 소크라테스의 최후를 그린 플라톤의 글을 읽어 보면 알 수 있듯이, 감옥에서 철학을 하는 것이 불가능하지 않다. 오히려 더 도움이 되었다. 소크라테스의 사고와 그 결과를 표현하는 능력은 투옥 기간 동안 최고조에 도달했다. 마치 육체에 가해진 물리적 수속이 그가 사랑했던 패러독스가 되어 그의 정신과 영혼을 이전에는 미처 몰랐던 자유로운 상태로 만들어 준 것 같았다. 그는 그 어느 때보다 명료하고 총명하게 사고를 했다. 그의 표현은 플라톤이 기쁨에 겨워 근사하게 옮길 정도로 아름다움을 담고 있었다. 적어도 번역된 글로 그 아름다움을 충분히 즐길 수 있으리라 생각해서는 안 된다. 고대 그리스어는 구어든 문어든 마법의 언어였다. 고대 히브리어처럼 고대 그리스어도 함의와 함축적 의미가 있었으며 자체의 반향과 가락을 지니고 있었다. 이런 특징들은 그 언어를 쓰는 특별한 사람들이 받은 기이한 재능을 돋보이게도 하고 죽이기도 한다. 궁극적으로 서구 문화권에서 우리가 소중히 아껴야 할 만한 가치가 있는 것은 모두 과거로 거슬러 올라가 만나는 고대 그리스어와 히브리어이며 이 언어들이 활발하게 만들어 내 공명하는 의미들일 것이다. 소크라테스는 최후의 시간에 자신의 지적인 마법에서 특별히 그리스어라는 요소를 활용해 말하고 싶은 사상을 마음껏 표현했다. 그의 그리스어는 산문이자 시였다. 게다가 그리스의 품 안에서 양분을 받는 한 철학은 최초로 진정한 목소리를 찾았으며 앞으로 올 세대를 향해 큰 소리로 이야기를 하는 것처럼 들렸다.

자신의 의견을 표현할 권리를 위해 죽을 각오를 한 채 감옥에 갇힌 소크라테스는 온 시대를 아우르는 철학의 상징이다. 이 이미지는 플라톤의 상상력을 사로잡았고 그의 능력을 모두 이끌어 냈다. 이런 능력들 덕분에 그 후로 생각의 중요성과 통찰력에 대해 고민하는 사람들의 상상력을 모두 사로잡을 수 있었다. 죽음을 목전에 둔 공명정대하며 생각하는 사람이라는 시각적 이미지가 가진 잠재력은 모든 것을 압도할 만했다. 그리하여 이 이미지는 인간으로 육화한 철학의 전형典型이 되었다. 그 이후의 철학자들은 모두 어떤 의미에서는 이 이미지와 경쟁을 하다가 굴복할 수밖에 없었다.

소크라테스의 일생의 마지막 장이 시작됨을 알리는 서곡이 있었으니, 크리톤과 나눈 대화와 관련이 있었다. 그 무렵 크리톤은 소크라테스의 친구들 가운데 가장 한결같고 가까운 사람이었다. 그래서 감옥에 와 탈옥할 방법까지 알려 주었다. 탈옥은 그리 어렵지 않았고 그는 기꺼이 자금을 댈 작정이었다. 그는 이렇게 말했다. 아이들을 위해서 탈옥 제안을 받아들이라고 말이다. 하지만 우리의 예상대로 소크라테스는 그 제안을 물리쳤다. 우리가 예상한 대로 차분하고 예의를 갖춰서 말이다. (소크라테스를 연구하다 보면 그의 어조에서 단 한 번도 날카로움이나 짜증의 기색도, 과장은 고사하고 위압적으로 강조하는 기색도 없었다는 사실을 확인할 때 가장 즐겁다. 그가 토론을 하는 태도는 언제나 흠잡을 데가 없었다.) 그는 그 기회를 놓치지 않고 철학과 법 사이의 진정한 관계에 대해 설명을 한다.

소크라테스는 언제나 자신의 사명을 완수해야 한다고 생각했다. 그 사명은 평생의 기쁨이나 의미일 뿐 아니라 신에 대한 의무였다. 어쩌다 보니 그 사명이, 다른 사람들이 이해한 것처럼 법과 충돌을 빚었고 그 결과 그는 고발을 당했다. 그는 자신을 옹호해 이 충돌을 해결하고 오해를 해명하는 데 실패했다. 그래서 그는 사형을 언도받았다. 의무를 무시하느니 몇 번이고 다시 죽는 것이 훨씬 더 낫다. 왜냐하면 의무를 저버리는 것은 명백히 되돌릴 수 없는 잘못이기 때문이다. 법이 아무리 정당해도 신에 대한 복종이 우선했다. 하지만 신에 대한 복종이 우선이라고 해도 법을 거역하는 것이 아니다. 단지 더 최상의 법에 복종하는 것의 결과가 설령 죽음이라 하더라도 받아들이는 것이다. 이런 주장은 두 번째 핵심으로 이어졌다. 소크라테스는 평생을 아테네의 법의 지배 하에서 태어났고 자랐고 살았다. 그는 몇 번이나 같은 상황이 되더라도 똑같이 선택했을 것이다. 그는 아테네를 세상에서 제일 살기 좋은 곳이라 여겼다. 아테네는 그가 평생 사명을 실천할 무대를 완벽하게 제공해 주었다. 그는 이런저런 결점에도 불구하고 아테네 사람들을 사랑했다. 그곳의 거리와 그 거리에서 벌어지는 거래들, 공공장소

등을 아꼈다. 아테네의 정부는 완벽할 때가 없었다. 때로는 통탄할 정도로 태만했고 가끔은 괴물 같기도 했다. 하지만 아테네는 그의 도시였으며 그곳을 위해 목숨을 걸고 싸웠다. 그러므로 그는 그곳과 도저히 헤어질 수 없었다. 사람들은 누구나 자신이 살았던 장소의 법칙의 지배를 받아들여야 했다. 그것은 설령 철학자라 하더라도 아니 철학자라면 더더욱 받아들여야 했다. 소크라테스의 경우 이 지배가 그가 모시는 상위의 소명과 충돌했다. 그래서 사형 선고를 받았다. 그는 자신의 신념이 오해를 받았고 부당한 판결을 받았다고 생각했다. 하지만 뇌물과 부정한 방법으로 이 판결을 피한다면 더 큰 죄를 짓는 것이 될 것이다. 결코 저질러서는 안 되는, 이론과 반박의 여지가 없는 불의가 될 것이다. 그가 확신했듯이 그가 불의의 희생자라면 어떻게 더 큰 불의 즉, 지금까지 옳지 않다고 믿었기에 더 크다고 할 수 있는 불의로 이 상황을 바로잡을 수 있겠는가? 평생 동안 지켜온 원칙이 불의를 불의로 갚는 행동을 정당화해서는 안 된다는 것 아니었는가. 그저 언젠가는 사람들이 이런 상황을 똑바로 보고 이 상황을 받아들인 용기 있는 자로 그를 기억해 주기를 바라며 기대하는 가운데 불의에 복종하는 편이 훨씬 더 낫다.

『크리톤』은 법의 지배와 최고권에 대해 논하고 있다. 마지막 대화편인 『파이돈Phaedo』은 소크라테스와 가까웠던 추종자 한 명의 이름을 딴 것으로, 그는 소크라테스 최후의 몇 시간을 함께하며 죽음과 불멸의 영혼에 대해 이야기를 나눈다. 이 대화편은 플라톤의 최고의 작품이다. 동시에 소크라테스의 유려한 지성과 섬세함, 고대 그리스어의 아름다움을 모두 담고 있는 원전들을 모두 떠올리게 한다. 대화는 동이 튼 직후에 크산티페가 소크라테스의 셋째 아들을 안고 나가면서 시작된다. 정황상 두 사람은 전날 밤을 감옥에서 보낸 것 같다. 플라톤은 자신의 어머니를 제외하면 (사상에 반대되는) 인간으로서의 여자에게는 별로 관심이 없었다. 그래서 소크라테스가 처한 곤경을 크산티페가 어떻게 생각했는지 혹은 그녀가 남편에게 조언을 했는지, 했다면 어떤 조언을 했는지 전혀 기록하지 않았다. 소크라테스는 분명히 아내를 사랑했을 것이다. 어린 자식들이 바로 그 증거이다. 물론 그녀도 남편을 사랑했을 것이다. 의지가지없이 아내를 두고 떠나는 것은 그가 자신의 원칙을 지키기 위해 지불해야 하는 대가의 일부였다. 하지만 소크라테스도 분명 이렇게 자위했겠지만, 그에게는 헌신적인 친구들이 많았고 그들 가운데는 부유한 사람들도 있었다. 이제 와 이런저런 추측은 무의미하다. 소크라테스는 족쇄에서 풀려났다. 족쇄를 차고 피곤에 절고 굳어 버린 몸을 뒤척이면서 그는 풀려날 때의 기쁨이 구속과 얼마나 밀접하게 관계되어 있는지 떠올렸다. 사실 그 기쁨은 구속의 고통에서 비롯되는 것이 아닌가. 우리의 삶에 간간이 끼어들어 움직임과 다양성과 풍요로움을 제공하며 영원히 대척점에 서 있는 두 가지의 좋은 예가 아닌가.

외국에서 온 가까운 추종자들과 숭배자들로 구성된 남자들이 소크라테스 최후의 몇 시간을 지배한 마지막 주제에 대해 이야기를 시작한다. 그 주제는 죽음과 그 이후에 찾아오는 것이었다. 어쩌면 죽음과 육신의 소멸과 영혼을 위해 준비된 장소에서의 영혼의 생존에 대한 이야기라고도 할 수 있다. 우리에게 가장 중요한 문제에 집중하는 능력은 철학자로서의 소크라테스에게 큰 장점이었다. 이 우주가 운동을 하고 있다면, 그것의 동인動因을 연구하는 것도 무척 흥미롭다. 아인슈타인의 상대성 이론의 결과는 무엇이며 이 세상에 과연 반물질이 존재하는지는 물론 여러 추측의 대상과 실험적 탐구도 재미있다. 이런 질문이나 이와 흡사한 질문에 기원전 399년의 그리스인들도 현대인들만큼 궁금해 했다. 그러나 그 당시는 물론 지금도 여전히 중요한 문제는 인간으로서 절대 피할 수 없는 사실, 바로 죽음과 그 후에 오는 것이다. 의사와 과학자들, 심리학자들, 시인들, 화가들, 음악가들, 뛰어난 상상력을 자랑하는 다양한 천재들이 온갖 노력을 기울였음에도 불구하고 죽음만은 소크라테스의 동시대인들이 살았던 2500년 전이나 지금이나 여전히 풀리지 않은 미스터리이다. 2500년이라는 시간이 흘렀지만 죽음에 대한 지식은 단 1센티미터도 자라지 않았다. 이런 것이 있을지 모르겠지만, 다가올 삶에 대한 인식은 예나 지금이나 명확하지 않다. 설령 그런 인식이 있다 해도 더 흐릿해졌을 뿐이다. 그러나 소크라테스와 그를 기록한 플라톤 덕분에 우리는 적어도 죽음과 그 이후의 미지의 미래에 대해서 예의와 용기, 명예를 지닌 채 다가갈 수 있다. 물론 이렇게 행동하겠다고 선택을 해야 하지만 말이다.

소크라테스는 자신의 말을 듣고 있는 사람들에게 진정한 철학자라면 죽음이나 죽음에 저항하려는 바람을 두려워하지 않는다고 했다. 왜냐하면 그는 평생을 추구해 온 원칙을 확인하기 위해 죽음을 받아들일 것이기 때문이다. 그가 말하는 철학가란 열심히 살고 현명하게 행동하는 사람인데, 이런 사람은 정의로운 사람의 영혼은 사후에 그 무엇보다 정의를 중시하는 신의 보살핌을 받으므로 망자의 여전히 살아 있는 영혼은 안식과 안전을 찾을 수 있다는 사실을 잘 알았다. 그러므로 죽음을 지상에서 삶의 자연스러운 최후이자 무한히 영광스러운 상태의 시작으로 환영할 일이지 두려워할 필요가 없다.

다음으로는 소크라테스가 자신의 확고한 신념을 토론을 통해 입증하는 내용이 이어진다. 즉, 영혼은 불멸이며 육신이 소멸한 후에도 존재한다는 것이다. 이 단락은 짜증스러운 플라톤의 간섭으로 훼손되었다. 플라톤이 (우리가 보기에) 내켜 하지 않는 소크라테스의 이론에 억지로 자신의 형상 이론을 접목시킨 것이다. 하지만 이것은 신경 쓰지 않아도 되는 소소한 사항일 뿐이다. 왜냐하면 영혼의 불멸성과 정의로운 자의 영혼을 기다리고 있는 감정적이고 지적이고 영적인 풍요로움에 대한 믿음은 너무나 차분하고, 평화롭고, 권위가 있어서 그까짓 사소한 사항은 문제가 되지 않을 정도이다. 소크라테스는 영혼의 불멸이나 사후세계에 회의적인 사람들의 의구심을 말끔하게 씻어 주지는 않는다. 하지만 그의 주장을 통해 우리는 그 두 가지를 얼마나 확고하게 믿고 있는지 알 수 있다. 동시에 미지의 세계로 들어가는 태도가 얼마나 굳건한지도 알 수 있다.

소크라테스의 삶에서 우리가 배울 수 있는 최고의 교훈은 가장 훌륭한 지식에 따라 정의를 행하면 타고났거나 훈련으로 얻은 용기와는 비교할 수도 없는 용기를 얻게 된다는 것이 아닐까 싶다. 소크라테스가 가진 특별한 덕목을 하나만 꼽자면 그것은 용기였다. 전장에서부터 법정에 이르기까지 어떤 상황에서도 그는 용기를 보여주었다. 사형을 언도받고 이승에서 삶을 몇 시간 앞둔 상황에서도 마찬가지였다. 영원불멸인 영혼과 육신을 떠난 후 영혼을 기다리는 삶을 옹호하는 날카로운 논쟁이 이어졌다. 이것은 소크라테스의 내적인 종합적인 신념을 표현하는 주장이었는데, 덕분에 그의 기분은 최후 몇 시간 동안 계속 고조되었다. 이윽고 죽음을 맞이할 즈음이 되자 고조된 기분은 낙천주의와 기대감이 계속 흘러나오는 거대하고 막강한 분수처럼 흘러내렸다. 그는 죽음을 처벌이 아니라 보상으로 품에 안았다. 죽음은 결국 그의 삶을 끝내고 왕관을 씌워 주고 은총을 내린 후 그의 삶 전체가 빛나게 만들었다.

저녁 어스름이 내려앉자 토론은 자연히 끝이 났다. 마침내 간수가 와서 소크라테스가 독배를 받을 때가 되었다고 알렸다. 시민은 자유롭게 투표로 정한 법이라도 당연히 복종해야 하는 것이 아테네 민주주의의 자명한 이치였다. 사형이라고 해도, 어쩌면 사형일수록 독배를 마셔야 하는 피고에게 그 사실을 반드시 알려야 했다. 플라톤은 독에 대해 자세히 쓰지 않았지만 독미나리의 독이었을 것이다. 게다가 이 흉측한 식물에서 추출한 독만 쓴 것이 아니라 빠르고, 확실하고, 고통 없이 죽을 수 있도록 몇 가지 물질을 더 넣어 섞었을 것이다. 간수는 그 자리에 모인 사람들에게 그가 지금까지 구류한 죄수들 가운데 소크라테스만큼 고귀하고, 상냥하고, 용감한 사람은 본 적이 없다고 털어놓지 않을 수 없었다. 자신이 하지 않으면 안 되는 일에 얼마나 고통을 느끼는지 털어놓았다. 잘 아는 것만으로도 행운이 될 다정다감한 철학자에게 가장 매력적인 헌사였을 것이다.

소크라테스는 독을 마시기 전에 목욕을 하고 자식들과 가족의 여자들에게 작별인사를 고했다. 플라톤은 이렇게 기록했다. "그분은 크리톤을 곁에 두고 그들에게 말했다. 그리고 마지막 소원에 대해 지시사항을 남겼다." 다음으로 친구들에게 작별을 고했다. 마침내 어떤 남자가 독배를 들고 왔다. 소크라테스가 말했다. "친구여, 당신은 이런 일에 익숙하시겠구려. 나는 이제 어떻게 하면 되오?" "그냥 마시십쇼. 그런 후에 다리가 무거워질 때까지 계속 걸으십시오. 다리가 무거워지면 누우세요. 그러면 독이 모든 일을 알아서 할 겁니다." 그는 이렇게 말하면서 독배를 소크라테스에게 건넸고, 소크라테스는 유쾌하게 그 잔을 받았다. 몸을 부들부들 떤다거나 안색이 변하는 기색은 전혀 없었다. 그는 (신에게 술을 바치는) 헌주를 할 수 있느냐고 물었다. 하지만 그 남자는 목적에 합당한 내용물만이 들어 있다고 대답했다. 그러자 소크라테스는 이렇게 말했다. "음, 그렇다고 해도 이 세상을 떠나는 것이 선행이 되도록 기도할 수는 있겠죠. 그러므로 나는 기도하겠소. 그리고 그 기도가 응답을 받기를 기원하겠소." 이 말을 끝으로 그는 독을 마셨다. 싫어하는 기색이라고는 조금도 없이 아주 천천히 차분하게 독을 마셨다.

바로 그때까지 감정을 자제하려고 애를 쓰던 친구들이 하나씩 울음을 터트렸다. 크리톤은 감정을 억누르지 못해 그곳에서 나가 버렸다. 아폴로도로스는 벌써 울고 있었는데, 눈물을 펑펑 흘리기 시작했다. 그 모습에 주위가 눈물바다가 되자 소크라테스가 그들을 꾸짖었다. "남자들이 이게 무슨 행동인가! 이런 모습을 보기 싫어서 여자들을 보내 버린 거라네. 나는 경건한 고요함 속에서 숨을 거두고 싶었네. 그런데 자네들의 눈물 때문에 농담이 하고 싶어졌지 뭔가! 진정하고 기도하게. 용기를 내게." 그로부터 2000년도 더 지난 후에 위대한 자유당 정치가였던 W. E. 글래드스턴이 1894년 네 번째이자 마지막 내각의 수상에서 물러나며 60년이 넘는 정치 경력을 마감하겠다고 발표했을 때도 똑같은 상황이 벌어졌다. 주위는 온통 눈물바다였다. 그러자 글래드스턴은 눈물 한 방울 보이지 않으면서 냉소적으로 그 내각을 "나의 울보 내각"이라고 불렀다. 소크라테스는 "눈물바다가 된 자신의 죽음의 순간"에 대해 아무런 말도 남기지 않았다. 대신 한동안 그곳을 거닐다가 이렇게 말했다. "이제 누워야겠어. 다리가 무겁군." 독배를 건네 준 남자가 말한 것처럼 그는 똑바로 누웠다. 그 남자가 소크라테스의 발과 다리를 검사한 후 발을 세게 꼬집으며 어떤 느낌인지 물었다. 소크라테스는 아무 말도 하지 않았다. 그러자 남자는 그의 두 다리를 꼬집은 후 몸의 중심으로 이동했다. 그곳까지 감각이 마비되고 체온이 식어 있었다. 그는 주위 사람들에게 "마비가 심장에 이르면 사망하게 됩니다."라고 알렸다.

그런데 갑자기 소크라테스가 얼굴을 덮고 있는 이불을 걷으며 또렷하게 말했다. "크리톤, 우리가 아스클레피오스에게 수탉 한 마리를 빚졌네. 잊지 말고 꼭 갚아 주게." 이것이 그의 마지막 말이었다. 초기 기독교 저술가들은 이 문장을 소크라테스가 구제불능의 이교도인 증거라며 즐겨 인용했다. 죽음에 닥쳐 치유의 신에게 바칠 제물을 떠올리다니 유치하기 짝이 없다면서 말이다. 하지만 이것은 소크라테스가 농담과 역설을 그만큼 사랑했다는 증거로 보아야 한다. 그는 아등바등하던 삶에서 평화로운 죽음으로 안전하게 넘어가게 해 준 신에게 감사하고 싶었다. 그래서 "아스클레피오스에게 빚진 수탉 한 마리"는 그 마음을 표현하기 위한 익살스러운 방식에 불과했다. 그렇게 소크라테스는 미소를 지으며 숨을 거두었다.

•제7장•

소크라테스와 인간의 모습으로 나타난 철학

소크라테스는 영향력으로 보자면 모든 철학자 가운데 단연 으뜸이었다. 그는 인간의 정신이 기본적으로 사고할 도구를 제공했다. 특히 남녀를 막론하고 도덕적 선택에 접근해 결정을 내리는 방식은 물론 그 선택이 이 세상과 다음 세상에서 이끌어 내는 결과에 대해서도 새롭게 사고하는 방식을 제공한 것이다.

엄밀히 말해 소크라테스는 인간을 닮은 신들과 신으로 모셔지는 신을 닮은 인간 영웅들, 이들이 벌이는 소설화되고 시가 된 불화와 편애, 마법, 기적, 간섭으로 점철된 고대 그리스 종교의 환상적인 다신론을 격파한 것은 아니다. 이러한 만신전은 이미 그의 생전에 빠른 속도로 사라지고 있었다. 소크라테스는 언제나 미신을 믿는 사람들을 존중했으며 이들을 정면으로 나무라지 않았다. 그는 대신 그 무엇보다 중요한 신성한 힘 즉, 모든 사물에 존재하며 온 우주를 주재하는 신이 존재한다는 사상을 확고하게 만드는 데 집중했다. 극적일 정도로 단순화된 사상 덕분에 소크라테스는 직접적이고, 설득력 있고, 만사에 실용 가능하고, 흡족한 윤리학 체계를 구성할 수 있었다.

이것이 가능했던 이유는 소크라테스가 육체와 영혼을 확실하게 구별한 덕분이었다. 육체는 욕망과 식욕, 희열, 영광의 근원이었다. 육체는 인간이 품은 동물적 본성과 물리적 존재, 야망과 쾌락을 대변하는데, 정당하지만 해롭기도 하다. 이 육체가 없다면 인간은 아무것도 아니며 아무것도 할 수 없을 것이다. 그러므로 인간은 육체가 필요하다. 육체가 있어야 중요하고, 창조적이고 목적의식에 충만한 삶을 살 수 있다. 한편 육체는 문젯거리이자 짐이기도 하다. 왜냐하면 육체가 품은 순수한 욕망과 파괴의 힘이 사람을 즐겁게 해 주기 때문이다. 하지만 육체는 영혼으로 균형을 잡고 있다. 영혼은 덕과 지혜의 원칙을 대변한다. 이 두 가지는 밀접하게 이어져 있고 어떤 면에서는 뚜렷하게 구별하기 어렵다. 육체는 겉으로 드러난 형태이고 영혼은 인간이 내면에 지닌 인격이다. 육체의 욕망을 통제하고 억제할수록 영혼이 성장하고 발전한다. 그러면 인간의 인격은 자비롭고 쓸모가 있어지면서 자신과는 물론 이 세상과 평화를 맺게 된다. 육체는 행복해지고 싶은 마음에 쾌락을 추구한다. 하지만 이 세상에서 행복해지려면 육체는 영혼의 안내를 받아 덕과 지혜의 길을 걷는 수밖에 없다. 육체는 죽음으로 최후를 맞이한 후 썩어 없어진다. 동시에 그것이 안고 있는 온갖 문제와 욕망 또한 사라진다. 하지만 영혼은 그 후에도 살아 있다. 그래서 이 세상에서 육체를 덕과 지혜의 길로 안내했다면 영원히 죽지 않는 만족스러운 상태에서 신은 물론 다른 선량한 영혼들과 하나가 되도록 예정

되어 있음을 알게 될 것이다.

플라톤과 아리스토텔레스를 비롯한 여러 저술가의 글을 통해서 소크라테스의 삶과 죽음, 육체와 영혼에 대한 사상이 그의 사후에 두세 세대 만에 널리 받아들여지며 사람들의 사고방식에 파고든 것은 그가 받은 재판과 그곳에서 보여준 훌륭한 변론, 죽음의 순간에서조차 침착함을 유지했던 그의 태도에 관한 이야기들이 크나큰 도움을 주었기에 가능했다. 소크라테스는 전형적인 철학자이자 윤리적 지혜의 근원이 되었을 뿐만 아니라 선량한 인간과 육체와 영혼의 이상적인 관계를 완벽하게 보여주는 모범으로써 살아 있는 패러다임이 되었다.

그래서 기원후 1세기에 성 바오로가 그리스 언어권의 비유대인들에게 예수 그리스도의 가르침을 전할 때 매우 핵심적인 부분에서는 그들이 이미 그의 메시지를 받아들일 준비가 되어 있다고 느낀 데는 바로 위와 같은 전후사정이 있었기 때문이었다. 그의 가르침은 예수의 가르침이 바탕이 된 히브리의 자선과 이타주의, 고통의 수용, 기꺼이 희생하려는 마음가짐 같은 메시지와 명백히 소크라테스적인 영혼의 승리에 대한 확신과 그 영혼을 기다리는 영생을 결합한 것이었다. 특히 이 영생은 복음에 관한 성 바오로의 가르침에서 비롯된 기독교에 놀라운 권능과 편재성을 부여했으며 박해를 받고 순교를 하면서도 번성할 수 있는 힘이 되었다. 소크라테스라는 인물상 또한 그의 재판과 유죄 판결, 죽음을 목전에 둔 상황에서 고귀하고 완전무결한 이미지로 떠올랐다. 성 바오로는 "그리스인들은 이유를 구하고 유대인은 징표를 구한다."라고 썼다. 플라톤의 저술 덕분에 소크라테스는 이유를 줄 수 있었고 나사렛의 예수와 그의 부활로 유대인들은 징표를 보았다.

위와 같은 일반적인 관점을 벗어나서 소크라테스의 사상과 기독교의 관계를 탐색하는 것은 별 의미가 없다. 소크라테스는 기독교의 선도자가 아니었다. 예수처럼 그도 신으로부터 사명을 받았지만 두 사람의 사명은 공통점이 거의 없다. "나는 길이자 진리이자 삶이다." 이것은 어마어마한 주장이었고 그러므로 오로지 신성의 인식만으로 정당화할 수 있었다. 소크라테스가 제시할 수 있는 것은 설명서가 아니었다. 그가 끊임없이 반복하고 되풀이한 것은 자신은 아무것도 모른다는 말이었다. 그가 할 수 있으리라 여겼고 그의 사명의 핵심이었던 것은 평범한 사람들이 선행이 무엇인지 즉, 가장 인간적으로 가치 있는 행동이 무엇인지에 대해 좀 더 명확하고 유기적으로 사고하도록 돕는 것이었다. 그가 이런 도움을 주면서 거둔 성공은 그 후 수많은 세대를 지나면서 심화되어 그리스 세계가 기독교를 받아들이는 데 힘과 명확성을 부여했으며 기독교가 그곳에서 뿌리내리고 무르익도록 도왔다. 그것은 그 자체로 엄청난 업적이었다. 물론 플라톤과 아리스토텔레스의 사상이 기독교국과 그것을 계승한 서구 세계의 기독교국을 건설하는 데 중요한 역할을 하기는 했지만 지엽적인 기여일 뿐이다.

소크라테스가 인간의 지성을 영구히 조직하거나 재조직했던 두 번째 핵심적인 방식은 도덕성이 상대적이지 않고 절대적이라고 주장하는 것이었다. 가장 원시적인 사회에서 고도로 세련된 사회까지 어느 사회에나 도덕적 상대주의로 이행하는 경향이 내재되어 있다. 소크라테스가 본 그리스 사회는 도덕적 상대주의가 기승을 부리는 일상과 그 일상을 정당화하기 위한 사이비 이상주의적 제안들로 바스러지고 곪아 터지고 있었다. 그리스 다신교는 모든 땀구멍마다 도덕적 상대주의를 뻘뻘 흘리고 있었다. 호메로스의 시 어디를 보아도 도덕적 절대주의가 명확하게 나온 부분을 찾기 힘들다. 소포클레스와 에우리피데스와 같은 극작가들은 일상적인 도덕적 행동에 대한 개념을 전복시키는 신들과의 거래를 용인하듯 말하고 있다. 소크라테스가 사회에 기여한 위대한 재능은 사이비 신의 거래와 허풍, 타협으로 만연한 구린 분위기를 정직하려고 애쓰는 남자와 여자들 사이의 상식적이고 명예로운 거래가 이루어지는 밝은 대낮으로 도덕을 끌고 나왔다는 것이다. 소크라테스에게 도덕성은 절대적이었다. 절대적이 아니면 아무것도 아니었다. 정의롭지 못한 행동은 언제 어디서나 늘 정의롭지 않다. 그러므로 해서는 안 된다. 무엇 때문에 화가 났든 남자든 여자든 절대 불의를 저질러서는 안 된다. 아테네의 아고라에서 물건을 파는 장사꾼이든, 민회에서 평화나 전쟁과 같은 문제를 논하는 정치가든, 보병이나 함대를 이끄는 육군 장성이나 해군 제독이든, 젊은 세대를 가르치는 선생이든 누구라도 모두에게 똑같이 적용되는 도덕법에 따라야 했다.

소크라테스는 애초에 아무리 큰 공격을 받았다고 해도 정의에 반대되는 복수주의를 반대했다. 왜냐하면 복수에는 불의가 따르기 마련이기 때문이다. 어떤 상황에서도 복수를 하지 않고, 불의를 저지르지 않는다는 원칙은 도시국가든 일개 개인이든 똑같이 적용했다. 아무리 강력한 국가라도 아무리 보잘것없는 개인이라도 똑같이 말이다. 소크라테스는 도덕에 공과 사를 구분하지 않았다. 그리스 윤리학의 역사상 이런 태도는 아무도 주장한 적이 없었으며 심지어 고려조차 하지 않았다. 그가 출현하기 전에도 윤리학이 있었다고 말할 수 있을지 모르겠지만 말이다. 소크라테스는 인간사라는 무대 위에 오른 배우들에게 모두 똑같은 규칙을 적용시킴으로써 윤리학을 민주화시켰다. 마치 고대 히브리인들이 모든 사람들을 전지전능하고 보편적인 야훼에게 똑같이 복종하게 만들고 그 결과 모세만 아니라 소크라테스에게도 거의 같은 빚을 지고 있는 알렉산드리아의 필론(유대의 종교철학자—옮긴이)이 민주적 신정 국가라고 부른 체제를 탄생시킨 것과 같은 방식으로 말이다. 물론 두 경우에서 추론의 과정은 달랐다.

소크라테스는 남자와 여자를 모두 좋게 보았다. 왜냐하면 그는 남녀 모두 고도의 도덕적 영웅주의를 실현할 수 있다고 확신했기 때문이다. 남녀는 외모는 다르지만 그 차이는 영구적인 의미를 지니지 않았다. 미모는 노화로 사라졌다. 남녀 모두 옷으로 자연이 선사한 것을 강화할 수도 빼앗을 수도 없었다. 소크라테스는 신발을 신지 않았으며 옷이며 장신구에 비싸거나 귀한 것은 거의 없었다. 그런데 신은 그에게 못생긴 외모를 주었다. 한편 그는 일흔에도 20대의 못난 얼굴 그대로였다. 안짱다리가 좀 더 심해지고 배가 나온 것이 차이였다. 소크라테스는 자신의 이름을 금실로 망토에 새겼던 멋쟁이 화가 제욱시스를 좋아하지 않았다. 그런 짓을 해 봐야 무엇을 증명할 수 있는가? 한편으로 인간이라는 존재는 꾸며야 할 이유는 없지만 연구해 볼 가치는 한이 없었다. 그는 평생 동안 인간의 다양성과 특이성, 완고함, 순수한 개인주의라는 주제에 매료되었다. 그가 아테네의 골목을 부산스럽게 돌아다니며 다양한 인간군상을 만날 때면 인간은 그가 기껍게 풀 만한 문제들을 제기했고 그를 언제나 매료시킨 인간의 조건에 대한 다양한 관점을 제시해 줬다. 사람들은 왜 크산티페와 같은 악처와 결혼을 했냐고 물었다. 그러면 그는 그녀의 모난 성격만 아니라 독특한 특징마저도 그녀를 매력적으로 보이게 한다고 대답했다. 크산티페에게는 소크라테스가 자신의 기술을 연마하면서 풀 수 있는 문제가 있었다. 그의 말처럼 훌륭한 자질을 지녔지만 성격이 까다로운 말과 대면한 조련사와 같은 심정이었다. 소크라테스는 온갖 사상과 개념에 홍미를 가졌다. 이런 사상과 개념은 플라톤이 참가한 모든 대화의 시작이었다. 하지만 그 대화는 오로지 인본주의적 차원에서 진행될 때만 살아 있고 의미가 있다. 왜냐하면 그들은 진짜 개인에 대해 대화를 나누었기 때문이다. 소크라테스에게 사상이란 인간에게 봉사하고 인간을 계몽하기 위한 존재였다. 그 반대가 아니라 말이다. 바로 이 점이 소크라테스와 플라톤의 사상을 나누는 큰 차이점이다. 소크라테스에게 철학은 피와 살을 가진 남자와 여자에 관한 것이 아니라면 아무런 의미도 관계도 없었다. 철학은 반복하고 강조할 만한 것이다. 이 문제에 대해 키케로는 소크라테스의 사상을 이렇게 요약했다. "소크라테스는 철학을 하늘에서 불러 내리고, 이 땅에 자리 잡게 하고, 사람들의 집마다 소개를 시켜 주고, 일상생활과 윤리학, 선과 악을 탐구하게 만든 최초의 인물이었다."

이런 이유로 소크라테스는 혼자 있을 때면 늘 불편해 했다. 혼자서는 그의 철학을 할 수 없지 않은가. 그는 사람들이 필요했다. 도시가 필요했다. 무엇보다 아테네가 필요했다. 그는 아테네에 사는 사람들이 있어야 했다. 사람들의 나이나 계급이나 직업이 뭐든 상관없었다. 말을 걸어 자신의 이야기를 듣게 만들고, 질문을 하고, 샅샅이 조사하고, 마음을 흔들고 도발할 수만 있으면 되었다. 그는 인본주의라는 연회의 음식을 준비하는 수석 주방장 같았다. 아테네 사람들은 그가 구할 수 있는 최고의 재료였다. 그는 이 재료에 자신의 '질문법'으로 감미료와 향신료, 육체와 영혼, 균형과 다양성을 골고루 뿌린 후 그 이후로 이 세상의 영양분이 된 정신과 영혼의 만찬을 완성했다.

사람들과 있으면 행복했던 소크라테스는 그 사람들을 학생은 고사하고 문하생으로도 만들려 하지 않았다. 그는 스승도, 학장도, 학자도 아무것도 아니었다. 그에게 교수와 같은 것은 아무것도 없었다. 그는 전작이랄 것이 아무것도 없다. 키케로가 "그는 편지 한 통도 쓰지 않았다."라고 했듯이 말이다. 소크라테스주의라고 할 만한 것도 없다. 그는 교실을 거절했다. 아테네의 거리와 시장이 그의 거처였다. 플라톤과 아리스토텔레스와 달리 그는 아카데메이아나 리케이온이 없었다. 스승과 제자가 있고, 강의와 개인지도가 있고, 학위와 도서관과 출판사가 있는 대학은 그와 아무 관계도 없었다. 그는 도시의 일상의 일부였다. 분명히 생각하고, 말하고, 토론하는 일부였을 것이다. 하지만 맥동하고 소란스러운 온갖 일상이 벌어지는 그곳과의 관계는 생선 장수나 환전상이나 구두 수선공이나 고함치는 정치가나 가난한 시인이나 약삭빠른 변호사와 똑같이 가까웠다. 그는 도시에 있을 때면 집처럼 편했지만 학당에서는 이방인 같았다. 소크라테스는 알았다. 철학이 사람들의 일상에서 떨어져 나오는 순간 활기를 잃고 엉뚱한 방향으로 향하게 되리라는 사실을. 그는 학문적으로 철학을 하는 행위에 모종의 가치를 부여하기도 싫었거니와 실제로 그런 철학에 참여하고 싶어 하지 않았다. 나머지 세상에서 멀찌감치 떨어져 나와 학문적으로만 고립되어 존재하는 철학을 상상하는 것만으로도 그는 두려웠다. 무섭다 못해 우스꽝스러운 웃음을 터트렸을지도 모르겠다. 소크라테스가 이런 말을 했다고 한다. "그것은 내가 알아볼 수 있는 철학의 죽음이다."

소크라테스는 철학을 학문이 아니라 인간의 활동으로 보았기 때문에 이런 말을 한 것이다. 그가 생각한 철학은 남녀를 불문하고 피와 살을 가진 진짜 사람들이 시비를 가리고 선악을 구분하는 진짜 윤리적 선택에 맞닥뜨리는 것이었다. 이런 점에서 철학적 지도자는 단지 사상가이기만 해서는 안 되었다. 그 이상의 인물이 되어야 했다. 소크라테스는 훌륭한 사람이었다. 그에게 덕을 추구하는 과정은 추상적인 사상이 아니라 일상에서 늘 일어나는 현실적인 문제였다는 점에서 말이다. 그는 선택을 두려워하지 않았고 그 결과를 용기 있게 받아들였다. 철학은 마지막에 가서는 영웅주의의 모습을 했다. 그러므로 철학을 실천했던 사람들은 용기를 가지고 최고의 정신을 추구하기 위해 모든 것을 희생할 각오가 되어 있어야 했다. 자신의 목숨마저도 말이다. 그것이 바로 소크라테스의 삶이었다. 그래서 우리는 그를 존경하며 인간의 모습으로 나타난 철학으로 그에게 경의를 보내는 것이다.

찾아보기

• ㅇ